UN

VOYAGE EN ITALIE

JOURNAL AU JOUR LE JOUR

ANGERS

LACHÈSE ET Cⁱᵉ, IMPRIMEURS-LIBRAIRES

4, Chaussée Saint-Pierre, 4

1894

UN

VOYAGE EN ITALIE

JOURNAL AU JOUR LE JOUR

UN

VOYAGE EN ITALIE

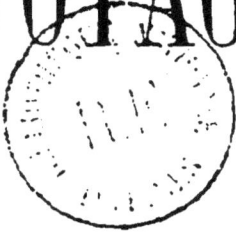

JOURNAL AU JOUR LE JOUR

ANGERS

LACHÈSE ET Cie, IMPRIMEURS-LIBRAIRES

4, Chaussée Saint-Pierre, 4

1894

A MES PARENTS BIEN-AIMÉS

*Hommage d'amour filial et de tendre
reconnaissance*

GASTON DE LA BÉVIÈRE.

JOURNAL DE VOYAGE

Mardi 4 octobre 1892. — En wagon.

Je suis enfin parti, je roule, et pour me con-
vaincre il me suffit d'écouter le grincement des
roues qui courent sur les rails, et le souffle bruyant
de la machine. En vérité je suis parti ! parti ! et la
vapeur m'entraîne rapidement à travers la France
vers... l'Italie ! Jusqu'ici je n'y croyais pas : c'était
un rêve ! et quel rêve ! celui que depuis mon
enfance je caressais comme un espoir lointain, si
lointain que je ne le voyais qu'à travers les voiles
de mon imagination et que je le regrettais comme
un projet irréalisable. Les petits enfants dans leur
tranquille sommeil, où ils voient les anges et
causent avec eux, ne font pas de rêve plus beau ni
plus cher, ne contemplent pas de contrées plus
resplendissantes que moi lorsque mon imagination,

la bride sur le cou, s'en allait vers ce pays
divin !

Et voilà que tout à coup le rêve va se réaliser !
Perrette une fois aura raison et tiendra, solide sur
sa tête, le pot au lait rempli de si chères espérances !

Non, ce bonheur à moi ! je ne pouvais y croire.
Jusqu'au jour si désiré du départ je vécus avec
cette idée fixe sans parvenir à y ajouter foi, puis
je n'eus alors du voyage que les ennuis : prépara-
tifs et lettres d'agence, calculs de temps et surtout
d'argent, plans et combinaisons au milieu desquels
j'avais grand'peine à trouver un instant pour permettre à mon imagination de prendre son envolée
vers ces sites que j'allais admirer. C'est donc seulement à la veille du départ, que toutes ces questions
réglées, j'eus le loisir de me réjouir et de penser au
côté le plus agréable du voyage. Mais je m'en
acquittai bien ; toute ma joie contenue fit explo-
sion et m'envahit si bien que je pourrais facilement
compter mes heures de sommeil de la nuit dernière.
Tout ce qu'on peut imaginer de bonheur, de délicieux projets, de satisfaction intense se trouvait en
moi ce matin, au départ. Et je me hâte de le dire,
car il est bien rare de le pouvoir en ce monde... je
suis heureux.

Jusqu'au Mans aucun événement à relater ; là
une foule de voyageurs envahit le train et mon

compartiment de seconde classe est pris d'assaut par une famille d'ouvriers. Le père, qui m'a l'air d'un employé des chemins de fer, est un grand gaillard à la figure honnête, dont le front est couronné d'une forêt de cheveux roux frisés qui n'ont pas dû, depuis bien longtemps, recevoir la visite des dents d'un peigne; la mère, une femme grande et plutôt jolie, est habillée en dame avec chapeau à plumes et manteau de jais, le tout fripé, sale, assez mal tenu. Le digne couple est suivi de deux enfants : un garçon de cinq à six ans et une fille de deux ou trois ans qui brandit victorieusement un formidable morceau de galette qu'elle va d'un instant à l'autre essuyer sur mon pantalon gris. Tout ce monde a des mains qui n'ont pas dû être lavées depuis le premier de l'an de l'année dernière et, pour comble de malheur, la mère se met à tirer d'un sac à double fond des morceaux de pain et de viande que chacun commence à manger avec la simple fourchette dont nous a munis la bonne Providence. Le petit placé en face de moi a trouvé un jeu charmant qui consiste à gratifier mes tibias de coups de pied répétés, ce qui force le père à le rappeler à l'ordre. Enfin voilà le dessert, on distribue le raisin, et déjà je pousse à cette vue un véritable soupir de soulagement, quand le petit garçon qui a bien sucé trois ou quatre fois la queue de son raisin, jette en l'air la malencontreuse

grappe qui vient délicatement se placer sur le
rebord droit de mon chapeau ; je prends alors mon
air le plus digne pour rejeter à terre le projectile,
tandis que le père adresse à son héritier une viru-
lente interpellation en f et en b majeurs. Mais je ne
suis pas au bout de mes peines avec cette smala ;
le dernier rejeton qui a englouti la galette, le pain,
le raisin et arrosé le tout de plusieurs libations,
manifeste le désir assez naturel, d'ailleurs, de se
soulager : on discute un moment, puis, le plus
simplement du monde, on place la petite en plein
milieu du wagon d'où s'écoule bientôt un ruisseau
d'odeur et de couleur peu agréables.

Enfin, à Chartres, je suis débarrassé de mes
agréables voisins et je reste en compagnie d'un
jeune homme et d'une femme à barbe dans le genre
nègre, et qui, à en juger par la laideur de son compagnon de route, doit être sa mère.

Mercredi 5 octobre. — *En wagon entre
Bâle et Lucerne.*

Arrivé sans autre aventure à Paris, je n'eus pas
de peine à trouver Jean [1] dans le grand salon de
Continental où il était en train d'écrire déjà une

---

[1] Mon ami Jean Ogier d'Ivry.

épître monumentale. Sans accorder plus d'attention à la capitale, comme des gens qui partent pour conquérir le monde, nous nous sommes embarqués à huit heures quarante, joyeux comme des pinsons, dans un excellent compartiment de 1re classe. Jusqu'à Mulhouse j'aurais peine à vous dire ce qui se passa, car nous dormions tous les deux à poings fermés, ouvrant un œil à chaque gare principale pour surveiller notre compagnon de route qui ronflait mais, qu'avec l'imagination qui caractérise deux jeunes voyageurs en quête d'aventures, nous pensions déjà être un dangereux assassin. A Mulhouse, tout le monde descend, accident assez désagréable à trois heures du matin pour les gens qui dorment. Il faut nous exécuter et je vois Jean descendre en serrant précieusement sur son cœur son chapeau, tandis qu'il s'enfonce le poing droit dans les yeux. Je m'aperçois qu'il a oublié dans le filet, son parapluie ; il va le chercher et se dirige triomphalement vers notre nouveau compartiment, lorsque notre complaisant assassin rappelle à Jean dans un français fortement teinté d'accent étranger, qu'il oublie quelque chose dans le wagon : il y avait simplement laissé tous ses bagages, valises, sacs, couvertures, etc... Enfin, nous voici installés et déjà partis de Mulhouse. Ils ne sont pas confortables ces vagons allemands : nous avions pour tout éclairage un vieux lumignon huileux qui fumait tellement qu'il nous a fallu, sous peine d'asphyxie, laisser tout le temps ouverte la porte du couloir, ce qui faisait entrer un air froid et pénétrant.

Il y avait bien une lampe électrique, mais on n'a fait jaillir la lumière qu'au lever du soleil et pendant six minutes, simplement pour nous prouver sans doute que l'appareil fonctionne.

A la descente du train à Bâle, il y avait foule, et l'on se faisait difficilement servir au buffet envahi par une masse d'étrangers affamés.

Neuf heures du matin. — Sur le lac des Quatre-Cantons.

Nous voici au cher lac ! Jane et Georges, que faites-vous ? où êtes-vous ? Que ne voyez-vous avec moi ce spectacle sublime qu'ensemble, déjà, nous avons admiré ! Le soleil jusqu'ici caché, déchire les nuages pour verser sur les eaux d'un vert bleu du lac une profusion de rayons dorés ; à peine une légère brume bleuâtre flotte-t-elle vague et limpide sur la surface : les montagnes nous apparaissent de la tête aux pieds et découpent nettement leurs silhouettes verdoyantes et dentelées entre le ciel bleu et la brume violette.

Voici Weggis et le petit chàlet où, il y a deux

ans, tu as écrit à la famille, ma chère Jane ; je
viens de quitter Vitznau et j'ai dit bonjour à notre
grand ami, le Righi. Je suis dans l'admiration et
envahi d'une joie folle, mais anéanti de tant de
splendeur et triste de ne pas vous avoir : c'est si
beau ! si beau !

Je reprends mon crayon devant la pointe du Treib
entre sa croupe boisée et la montagne aride. pelée
qui s'élève à gauche ; le vent souffle fort et soulève
en vagues déferlantes ce lac que nous avons vu si
calme : en face, le front couronné de neige, sur-
gissent majestueux et grands, comme les génies et
les gardiens de ce pays, les sommets des glaciers
auxquels je répète vos noms.

Lugano, mercredi soir.

Depuis Fluelen et malgré la pluie tombant à flots,
c'est un enchantement perpétuel ! Comment décrire
ces sites grandioses , pleins d'une sauvage mélan-
colie, ce torrent de la Reuss coulant à quarante ou
cinquante mètres au-dessous de vous dans un ravin
profond, encaissé, planté çà et là de pins décharnés,
couvert de rochers heurtés et de troncs brisés, puis
ces montagnes immenses, sévères, désolées , dont
le pied se baigne dans le flot, dont le front se perd
dans les nuages, et tout ce paysage revêtu aujour-

d'hui d'une teinte grise et morne qui couvre comme
un linceul, ce pays où s'élève à peine de distance
en distance un pauvre chalet de planches bâti près
d'un torrent descendant en bonds furieux et en
cascades d'écume vers le cours de la Reuss ! !

C'est désespéré, nu, aride, mais splendide dans
sa tristesse. Le chemin de fer et la route se suivent
et se croisent sans cesse, mais la voie fait des détours
inouïs et souvent au bas d'une montagne on aper-
çoit au milieu et dans le haut, la ligne déjà par-
courue.

Malheureusement, les tunnels, très fréquents,
arrivent toujours mal à propos arrêter sur les
lèvres une exclamation admirative en vous cachant
le paysage entrevu, c'est comme ces feuilletons qui
finissent au moment palpitant et renvoient le
dénouement au prochain numéro.

Ici nous sommes bien logés dans de vastes
chambres éclairées à l'électricité ; mais, hélas !
il pleut à verse. Que sera-ce demain ?

Milan. jeudi soir 6 octobre.

Il a plu sans cesse, depuis ce matin, et quoi
qu'il nous en coûte il nous a fallu renoncer à visiter
les lacs. Avant de quitter Lugano et malgré le
temps nous avons voulu parcourir la ville qui est

charmante et fort curieuse ; je ne parle pas de sa
position puisque nous ne voyions le lac que par
imagination, mais ses constructions sont bizarres.
Elle est située au bord même du lac et se trouve
dominée par une véritable petite montagne où s'étagent, dans un gracieux désordre, des maisons
blanches et des églises. Ses rues me plaisent beaucoup avec leurs trottoirs couverts par des galeries
que soutiennent des piliers pleins d'élégance et de
légèreté, et par un temps plus favorable, il doit
être intéressant de visiter les petits magasins et
d'errer dans la ville. Après cette visite sommaire
et un coup d'œil jeté à Santa-Maria sur la fresque
de Bernardino Luini, l'heure nous a contraints de
remonter vers la gare. Le train nous a emmenés
sur les bords des lacs de Lugano et de Côme qui, à
en juger par le peu que nous en avons vu, doivent
être charmants ; puis, après la cérémonie en-
nuyeuse de la Douane à Airolo, où Jean, pour la troisième fois, a oublié son parapluie, nous sommes
arrivés à Milan. C'est une grande et belle ville qui
plaît aussitôt ; mais il n'y faut pas chercher le
pittoresque de Lugano. On y voit des rues bien
percées, pavées soit en larges dalles unies, soit en
petits cailloux ronds désagréables au pied, et bordées de magasins luxueux et bien montés.

La fameuse cathédrale pour laquelle a été notre
première visite, est vraiment imposante et sa répu-

tation n'a rien d'usurpé. Cet immense bloc de marbre couronné de statues est une dentelle dessinée et travaillée avec un art merveilleux. L'intérieur un peu sombre est divisé en cinq vastes nefs par d'épais piliers de marbre blanc reposant sur le sol revêtu d'une mosaïque également en marbre de diverses couleurs.

On ressent une profonde impression de respect dans ce temple grandiose qui sert d'habitation au plus grand des rois, et il y a comme une piété mystérieuse dans cette pénombre qu'éclaircissent seules dans le fond de l'église les soixante lampes qui entourent la chapelle d'argent où repose le corps de saint Charles. Les fenêtres colossales du chœur sont ornées de superbes vitraux représentant des scènes de l'Apocalype ou de l'Ancien Testament, ils sont célèbres et comptent parmi les plus beaux qui existent,

La salle du couvent de Santa-Maria delle Grazie aujourd'hui transformé en caserne renferme la fameuse Cène de Léonard de Vinci : j'avoue à ma honte que cette toile détériorée, méconnaissable à certains endroits, ne m'a pas beaucoup frappé ; je suis trop peu connaisseur pour que les parties encore bonnes de ce tableau déshonoré par le temps et l'humidité aient trouvé en moi un admirateur passionné. Le cimetière, au contraire, est une œuvre grande et belle, une idée pieuse qui honore ceux

qui l'ont conçue : c'est tout à la fois le palais de la
mort, l'espérance de la résurrection et le souvenir
respectueux et tendre de ceux qui ne sont plus.
Un large escalier conduit à un perron, puis à une
vaste galerie ornée de bustes et dominant le cimetière qui s'étend au loin avec ses chapelles, ses
arbres, ses monuments de marbre blanc et ses allées
merveilleusement tenues. Les plus riches tombeaux
ont tous des statues et des bustes de marbre, rappe-
lant, chose très touchante, les traits du cher mort ;
nous avons remarqué sur un socle de marbre un
buste d'homme, et contre le socle, grandeur naturelle, une femme, les mains jointes, les yeux baissés, dans l'attitude de la douleur la plus profonde ;
plus loin sous un dôme de cette même pierre pro-
diguée en ce pays, c'est un groupe de trois jeunes
gens, deux jeunes filles et un jeune homme morts
à seize et vingt ans et pleurés par leurs parents
qu'ils laissaient seuls sur la terre. On n'en finirait
pas si l'on voulait visiter et citer chaque chapelle,
chaque monument remarquable, c'est un véritable
musée de sculptures offrant cet attrait touchant
que sous chaque pierre, sous chaque statue, reposent les restes d'êtres regrettés dont les âmes sont
là-haut !

Au sortir de cette visite nous nous sommes
rendus au jardin public qui est joli et bien entre-
tenu.

Notre soirée a été employée à flâner dans les rues et les centres les plus animés de Milan ; les magasins de l'immense galerie Victor-Emmanuel sont fort beaux à visiter sous les feux de la lumière électrique ; c'est un ruissellement de diamants et de perles ; on y rencontre tous les Milanais élégants, peu nombreux il est vrai à cette époque où la plus grande partie de la société aristocratique est en villégiature au bord des lacs pour y trouver la fraîcheur.

Venise, vendredi 7 octobre, au soir.

Nous voici dans la ville rêvée après un charmant voyage. Le matin, à six heures, le train nous emmenait rapidement au milieu d'une campagne fertile, couverte d'oliviers verdoyants qui semblaient un frais et riche tapis étendu jusque sous les pieds des montagnes bleues du lointain. A Desenzano quel spectacle ! C'est toujours la verdure foncée des oliviers, puis c'est le bleu du lac de Garde reflétant le ciel et le bleu plus sombre des montagnes qui le bordent et la blancheur éblouissante des villages accrochés sur ses rives au flanc des monts. Sur ce miroir sans ride, taché seulement par une presqu'île où s'élève une église, c'est un éblouissement de rayons d'or qui se

fondent et se marient divinement avec les teintes
plus douces des reflets du lac à travers cet éther
pur et lumineux. Oui, la lumière ici est admirable,
transparente et limpide, remplie d'une douceur et
d'un éclat qu'on ne voit nulle part ailleurs, qui
vous enveloppe, vous pénètre et se glisse jusque
dans votre âme pour y porter le bonheur et la joie.
Une brise fraîche nous fouettait le visage, tandis
que nous admirions sans parole, et sans autre
pensée que celle de voir et de voir encore cet
admirable spectacle.

Après Desenzano la plaine ressemble à celle de
la Saône, entourée comme elle d'un cirque de montagnes qui s'éloignent.

Puis voici Vérone et, sans perdre de temps,
après déjeuner, nous nous mettons en route par une
forte chaleur pour visiter la ville. Les Italiens se
montrent pour nous aimables et prévenants, ils
causent et rient des barbarismes que nous com-
mettons en parlant italien comme nous de leur
français bizarre. Nous les comprenons fort bien,
et même il est curieux comme nous nous faisons
facilement entendre en terminant en o ou a nos
mots français auxquels nous donnons ainsi une
petite tournure italienne... : *posta, giardino publico,
tomba Giuletta,* etc... Le conducteur de notre tramway
est un petit brun, la physionomie illuminée par
deux beaux yeux noirs et un large sourire décou-

vrant des dents très blanches : il nous parle en italien tout le long du trajet et nous lui répondons dans la même langue. Le type est plus distingué ici qu'à Milan : les femmes, presque toutes brunes avec des yeux noirs, se promènent dans les rues coiffées d'une mantille, un châle noir jeté sur les épaules et un éventail à la main.

Notre première visite a été pour le tombeau de Juliette : assez loin du centre, près des casernes, se trouve un petit couloir sombre qui donne accès dans un jardin étroit, planté d'arbres fruitiers et de légumes, resserré entre un mur de clôture à gauche et un mur d'ancien couvent à droite. Un homme vous conduit jusque devant une grille en fer qu'il ouvre et il vous fait pénétrer dans une petite chambre dont le fond est occupé par une humble tombe en pierre dure sans sculpture ni décoration ; la partie supérieure forme une sorte d'auge remplie de cartes de visite et le mur est également couvert des noms de milliers de visiteurs de toutes nations ; à gauche, un vieux portrait représentant, dit-on, le frère Laurent. Tel est l'humble réduit où fut enterrée, d'après la tradition, l'héroïne immortelle de l'amour, tant chantée, tant connue du monde entier.

Les Arènes, bâties en 290 après Jésus-Christ et restaurées en partie par Napoléon, sont une belle masse, et un monument impérissable de la cruauté des anciens peuples Latins, mais aussi du cachet de grandeur et de puissance dont tous leurs actes étaient empreints.

La ville est des plus curieuses ; ce sont de petites rues étroites, irrégulières, bordées de maisons qui sont presque toutes dans le style maure avec des fenêtres ovales ornées de colonnades comme les palais orientaux ; dans certaines habitations, des plus riches, on remarque l'ancien atrium entouré de galeries à colonnes de marbre. L'une des plus jolies places est assurément la Piazza dei Signori avec sa statue du Dante, son vieux palais della Regione, d'architecture massive et puissante, son élégant palais del Consiglio couronné de statues et les vieilles portes qui l'entourent. Tout à côté s'élèvent les tombeaux des Scaliger, enclos de vieilles grilles en fer superbement travaillées et mobiles au lieu d'être stables comme le sont nos grilles actuelles. L'échelle des Scaliger qui en décorait presque chaque chaînon a été enlevée la nuit par des Anglais désireux de transporter dans leur chère Albion cet échantillon de l'art Véronais et ce souvenir précieux ; le procédé est quelque peu risqué ! L'un de ces tombeaux a été élevé sous les yeux du prince Scaliger qui, des fenêtres de son palais situé en face, voulait surveiller l'érection de sa dernière demeure; c'est celui-là qui a été copié pour le tombeau du duc de Brunswick à Genève.

Que faire sans imagination ? Il en faut aux poètes et aux musiciens, mais aussi aux décorateurs de théâtre pour représenter comme un palais la demeure de Juliette : c'est une humble maison en briques trop haute pour sa largeur, et le balcon est tellement élevé que Roméo n'a certes pas dû y monter par un escabeau, mais bien par une échelle ou la gouttière.

Le palais de Pompeï qui est le musée de Vérone a été donné à la ville par Alessandro Pompeï; il y a de beaux tableaux du Titien et de Véronèse, entre autres de ce dernier le Baptème de Jésus-Christ et du premier l'Enfant-Jésus, la sainte Vierge et saint Jean ; on y remarque encore de belles toiles de Girol dai Libri et Cavazzola.

L'Adige que nous avons vu à Vérone est un large fleuve qui roule impétueusement ses eaux troublées avec les allures d'un torrent. De Vérone à Venise un joli paysage avec fond de montagnes, mais rien de beau comme l'arrivée à Venise sur ce pont de quatre kilomètres de long qui relie la ville à la terre. Le ciel était d'une pureté lumineuse et la lune se reflétait en colonne de flamme brisée par le flot sur la mer immense, puis là-bas, tout au fond, scintillaient les lumières de Venise. Que n'étiez-vous là, chère maman, à notre arrivée ! Mais venez, montez avec nous dans une gondole garnie de coussins de velours et de tapis moelleux, laissez-

vous bercer sur cet immense canal au milieu des
mille barques que le conducteur évite habilement,
au pied de ces palais de marbre, tandis qu'à l'une
des églises voisines sonne le salut du soir. Est-on
sur terre, ou dans le pays des rêves ? On l'ignore,
et l'imagination évoque mille souvenirs, revêt les
objets d'alentour de couleurs fantastiques lorsque
la gondole, après avoir glissé dans des ruelles
étroites et sombre passe silencieusement sous le
Pont des Soupirs et les cent fenêtres closes du
Palais des Doges ! Attendez encore et sur la place
Saint-Marc, où se presse la foule, devant ces palais
de marbre sculpté, couverts de colonnades et de
statues, près de cette église à façade de mosaïques
d'or vous invoquerez les bonnes fées du temps passé
pour les supplier de faire durer le rêve tant vous
craindrez de voir soudain s'évanouir dans sa
féerique splendeur, la chère vision. Figurez-vous
une première place, la Piazzeta, pavée de larges
dalles, ayant à droite le palais Ducal, en marbre,
long d'environ soixante ou quatre-vingts mètres,
avec ses arcades et ses sculptures, et à gauche un
autre palais qui sert actuellement de Bibliothèque ;
vous passez ensuite sur une autre place plus longue,
plus immense, entourée de trois côtés de palais à
colonnades et du quatrième côté bornée par l'église
Saint-Marc, toute en mosaïque et en marbre. Ces
splendeurs dépassent l'imagination et je ne connais

rien de comparable à l'aspect de ces places : la place de la Concorde est plus grandiose, moins artistique et moins pittoresque à mon sens.

Les magasins que nous avons longuement visités Jean et moi, renferment des merveilles de verres de Venise et des antiquités (vieil argent, vieilles étoffes, tableaux), de grande valeur.

De notre chambre de l'hôtel Beaurivage la vue s'étend sur la mer scintillante et s'arrête d'abord sur l'île Saint-Giorge-Maggiore, à cent mètres du bord : l'œil suit les silhouettes des silencieuses gondoles, l'oreille est tendue pour percevoir au loin la barcarolle d'un gondolier italien à la voix puissante et timbrée et les mille chants de la ville qui va s'endormir, l'odorat saisit les émanations salées qu'apporte la fraîche brise, et ainsi se passe la soirée, dans une béatitude sans nom, à contempler le beau et à en quintessencier la jouissance.

Venise, samedi 8 octobre.

Ce soir, de notre fenêtre, même spectacle qu'hier auquel vient s'ajouter le charme d'une mélodie douce, harmonieuse et parfaitement en rapport avec le cadre, exécutée presque sous nos fenêtres par la musique militaire. Ce qui me plaît encore davantage, ce sont les chœurs en plein air : une

vingtaine d'hommes de tous métiers, ouvriers,
matelots, guides, gondoliers, se réunissent sur les
quais et chantent là sans musique, sans aucun ins-
trument pour les soutenir, avec beaucoup de jus-
tesse et de sentiment, de fort jolis chœurs, les voix
sont généralement fortes et timbrées. Ici sous le
rapport physique le peuple est bien ; les femmes
ont surtout de la distinction et une démarche aisée
et gracieuse, elles portent comme à Vérone un
châle sur les épaules et une dentelle sur la tête.
Mais, par exemple, le Vénitien n'a pas, je crois,
son pareil pour la rapacité : les marchands vous
supplient d'entrer dans leurs boutiques, vous font,
toujours aimablement, des prix exorbitants et
tombent sur leurs concurrents et collègues sans
aucune vergogne ; c'est l'exploitation complète de
l'étranger sous toutes les formes et surtout sous la
forme gracieuse et polie, ce qui est bien toujours
un avantage. Fait-on mine de s'en aller, ils vous
font sur un objet de 40 fr. un rabais de 5, 10, 20 fr.
sans avoir honte de vous avoir d'abord proposé
un prix si manifestement exagéré. Pour une porte
ouverte, une gondole écartée de la rive, avec la
perche, on vous tend la main.

Aujourd'hui le guide de l'hôtel, un vieux bon-
homme cassé, retors, s'est collé à nous comme un
naufragé s'accroche à une épave, trop heureux de
gagner quelques francs. Il nous a menés d'abord à

Sainte-Zacharie, une vieille église attenante à un ancien couvent de femmes nobles de Venise qu'on a transformé en caserne. L'église est entièrement couverte de belles toiles de Giovani Bellini et Murano ; l'une des chapelles est appelée la chapelle d'or, parce qu'elle contient trois autels dorés avec des peintures du xvᵉ siècle de Murano exécutées sur ce fond. De là, nous nous sommes rendus par une série de ruelles inextricables au fameux atelier de dentelles de Jesurum où cinq mille ouvrières sont occupées à fabriquer ce point de Venise réputé l'un des plus fins et des plus beaux qui existe. Il est curieux de voir avec quelle vivacité elles manient les dix, vingt ou trente navettes placées devant elles sur le métier ; malgré cette rapidité chaque ouvrière ne peut arriver à faire par jour un demi-mètre de dentelle fine, 10 centimètres est un maximum, et les pauvres filles sont payées tant le mètre. Nous avons vu là des merveilles que nous n'étions malheureusement pas très à même d'apprécier, mais qui auraient fait l'admiration et l'envie de bien des connaisseuses ; on nous a montré des dentelles valant jusqu'à 3,000 fr. le mètre, et de fort belles étoffes tissées par les condamnées auxquelles on donne cette occupation dans un but humanitaire et charitable.

Les fabriques de verre sont également curieuses à visiter : les ouvriers plongent ces verres si fins dans des brasiers ardents, les soudent, les manient, avec une merveilleuse adresse ; il ne faut pas manquer non plus d'entrer dans les grandes salles de vente, on y voit des lustres, des vases, des appliques de couleurs délicieuses et de beaux meubles sculptés.

L'église dei Scalzi (des Carmes) est d'une richesse inouïe, elle est en marbre de la base au faîte : le fond, les parois, en marbre rouge, les autels en jaspe sanguin, porphyre, marbre noir africain, marbre de Carare ; deux autels en bas à droite et à gauche sont soutenus par trois anges en marbre blanc charmants dans leur pose et leur attitude ; quant aux portes, c'est une mosaïque représentant des fleurs avec une telle perfection qu'on les croirait fraîches ; toute la voûte est couverte de peintures. Éblouis de tant de magnificences nous nous sommes rendus au palais Vendramin-Calergi qui appartient actuellement au duc della Grazia, cousin germain du comte de Chambord, et où est mort Wagner. C'est l'un des plus beaux de Venise : les appartements sont vastes, fort élevés d'étage, et la plupart richement meublés ou ornés d'objets d'art remarquables : j'y ai surtout admiré de charmantes tapisseries. deux tableaux (paysages) de Salvator Rosa, une frise de Palma le Jeune représentant le triomphe de César, et, dans la salle de bal, une sorte de tribune

pour les musiciens, en chêne. artistement sculpté.
On conserve respectueusement deux tableaux de
Louis XIV et de Louis XV, et surtout des candé-
labres en bronze doré ayant appartenu à la pauvre
reine Marie-Antoinette.

Il est triste de voir tous ces palais splendides,
aux façades imposantes, tombant en ruines, trans-
formés en fabriques ou vendus à des Juifs : celui
du comte de Chambord est au baron Franchetti, le
gendre d'un Rothschild ; celui de la duchesse de
Parme, à Lévy ; les autres sont abandonnés ou
changés en hôtels ! Où est la puissance des Doges,
et l'ancienne aristocratie de la République si fière
et si riche ? ! !...

Venise, dimanche 9 octobre.

Ce matin nous avons entendu la messe sous les
voûtes éclatantes d'or et de peinture de Saint-Marc.
La musique du style fugué qu'on y exécute est
belle, le peuple se tient bien, il est d'ailleurs plutôt
religieux, et l'on voit souvent dans les rues, de
petits autels avec un calvaire et une madone devant
lesquels brûlent des lampes et que chacun salue au
passage.

Le Palais des Doges était ouvert au public
aujourd'hui et la foule y était grande. Dans la cour

d'honneur se remarquent tout d'abord deux margelles de puits en bronze, blocs énormes, artistement ciselés. Des quatre côtés de la cour, le palais s'étend couvert de sculptures admirables, le marbre a été torturé, fouillé, tourné avec un goût et une splendeur rares qui en imposent : un large escalier de marbre dont chaque pierre est incrustée de dessins de marbres de couleur, conduit à une vaste galerie à colonnades. On passe devant l'escalier d'or, ainsi appelé parce que seuls les nobles inscrits sur le livre d'or y pouvaient monter et l'on arrive à la grande salle, superbe appartement de 53 mètres de longueur sur 25 de largeur et 15 de hauteur qui n'est qu'une série de toiles de maîtres ; au plafond à caissons d'or ce sont des peintures de Véronèse, Bassano, Tintoret et Palma le Jeune ; de Véronèse, la Gloire de Venise, allégorie de la puissance de la République, est l'une des plus remarquables. Autour de la salle, au-dessus des tableaux, sont les portraits de tous les doges de Venise, à la place que devait occuper celui de Marino Faliero, on lit cette inscription sur une draperie noire : *Ici est la place du portrait de Marino Faliero décapité pour crime.* — Quel contraste avec cette série de souvenirs glorieux !

Le fond de la salle est occupé par l'immense toile du Tintoret, représentant la gloire du Paradis, dans ce tableau un peu sombre et parmi ces centaines de têtes d'élus, quelques-unes ressortent fines et lumineuses. Le Jugement dernier, de Palma le Jeune, est saisissant par les effets et les contrastes entre les élus et les damnés ; dans la même salle est la bataille de Lépante par Vicentino ; dans la salle d'Anticollège, j'ai beaucoup admiré l'enlèvement d'Europe, par Véronèse, qui conserve toujours son charme à mes yeux, l'Atelier de Vulcain du Tintoret, et dans la galerie à côté, une Adoration des Mages, par Alience. Encore à remarquer de nombreux plafonds de Véronèse : pour moi jusqu'ici c'est mon préféré ; ses types sont distingués, ses couleurs douces et lumineuses, ses poses gracieuses ; aucun n'a ce charme du pinceau.

Des Galeries nous avons passé au Pont des Soupirs qui menait aux prisons, puis aux Puits étroits et sombres, au niveau de l'eau, où les prisonniers n'avaient qu'une planche pour dormir, et une ouverture ronde pratiquée dans le mur du corridor pour leur donner l'air et la lumière. On ressort de ce lieu lugubre tristement impressionné par le souvenir de tant d'innocents condamnés par les doges implacables !

C'est en gondole que, dans la journée, nous avons visité l'église de Saint-Giorge-Maggiore qui renferme dans le chœur les plus belles sculptures en bois que j'aie jamais vues ; elles représentent les principales scènes de la vie de saint Benoît ; du campanile de cette église on a une vue très étendue sur la mer, Venise et les innombrables petites îles qui l'entourent. L'église Santa-Maria-della-Salute paie surtout de mine ; l'intérieur n'offre rien de très remarquable, si ce n'est quelques tableaux et un candélabre en bronze, d'une belle facture.

Au sortir de Santa-Maria nous nous sommes volontairement égarés dans l'inextricable labyrinthe des ruelles et des canaux de Venise, errant au hasard de notre inspiration et au gré de nos fantaisies : que de misères dans ces rues de trois ou quatre mètres de largeur où les maisons qui se touchent presque manquent d'air et de lumière ! Il s'en émane des odeurs peu délicieuses et l'aspect des appartements est repoussant de saleté ; malgré ce manque absolu de confort le peuple paraît joyeux, aimable pour les étrangers, honnête même et, aujourd'hui dimanche, la plupart des familles, depuis l'aïeul jusqu'au bambino, assises moitié dans la maison, moitié dans la rue, jouent au loto en y prenant, semble-t-il, le plus grand intérêt.

Ce soir même soirée délicieuse sur la place Saint-Marc ; il s'y pressait une foule d'élégants étrangers. Rien ne peut vous exprimer le charme indicible de cette ville où tout chante, où tout est pittoresque et beau, où tous les arts et tous les caprices se rencontrent et se mêlent dans un harmonieux désordre.

En rentrant à l'hôtel nous avons vu passer sur la mer, un peu sombre, des gondoles illuminées de lanternes de couleur, en même temps qu'une voix chaude et vibrante de ténor chantait, accompagnée d'un violon, une chanson vénitienne avec un accent pénétrant de tendresse et de passion. A quoi bon tenter de décrire ce qui est indicible, charme triste, beauté féérique, impression douce et mélancolique que l'âme ressent, que le cœur comprend et que la bouche ne peut exprimer ?

Venise, mardi 11 octobre.

Hier matin j'ai été seul visiter Saint-Jean et Saint-Paul qui renferment de beaux tombeaux des doges, et la petite église Santa-Maria-dei-Miracoli ; on ne peut se faire une idée de ces ruelles innombrables, de ces canaux, de ces ponts, qui s'enchevêtrent comme le dédale d'un labyrinthe; on se perd, on se retrouve, on entre dans des rues sans issue. Hier soir, partis de la place Saint-Marc pour aller tout à côté visiter la boutique d'un antiquaire, nous nous sommes trouvés, sans savoir comment, au Rialto, et, pour revenir, nous avons pris justement la route opposée à celle qu'il fallait suivre. Heureusement en pareil cas les Vénitiens se montrent fort aimables, chacun vous accompagne et

se détourne de sa route pour vous mettre dans votre
chemin. Ils sont d'ailleurs de bonne humeur, même
quand ils demandent de l'argent; au lieu de jurer
et de se fâcher comme le feraient bien des
Français, ils vous parlent avec politesse, le sourire
aux lèvres et dans les yeux. Notre vieux guide
nous racontait que dans ces ruelles étroites, mal
éclairées, si propices au crime, on n'entend jamais
parler d'aucune attaque nocturne. D'ailleurs chacun
ici nous a pris dans son jeu, sur les bateaux on
nous fait aimablement la conversation et l'on nous
indique à titre gracieux les palais et les curiosités :
les pilotes en viennent à nous donner d'affectueuses
shake-hands, et, à notre table, une dame italienne
assez mûre, anglaise par son mariage, et habitant
Nice l'hiver, a lié conversation avec nous hier.

L'Académie des Beaux-Arts renferme de véritables chefs-d'œuvre : celui du Titien d'abord ,
tableau qu'on dirait vivant et qui sort du cadre,
tant la Vierge semble portée sur les bras des
anges qui l'entourent, et tant les apôtres paraissent
désirer l'accompagner au ciel. Dans une petite
salle les copies de la Sainte Famille et de la Transfiguration de Raphaël m'ont aussitôt frappé, que
sera-ce des originaux ? — Une salle tout entière
est consacrée aux tableaux du xive siècle sur fond
d'or, ceux de Vivarini sont fort beaux. Parmi les
autres œuvres j'ai surtout admiré la Descente du

Saint-Esprit, de Padovanino ; l'Annonciation de
Véronèse, d'un dessin si pur et d'une si charmante
inspiration ; Jésus à Gethsémanie de Marco Basaïti ;
la superbe Résurrection de Lazare, de Da Ponte
(Bassano) où l'on voit en quelque sorte revenir à
la vie progressivement le mort qu'entourent ses
sœurs ; sur tous les visages d'un type exquis se lit
la stupéfaction faite de terreur et de joie tandis que
la figure du Christ ressort radieuse et calme entre
toutes ; puis Jésus chez Lévi, de Véronèse, la Visi-
tation de la Vierge, du Titien, et l'Adoration des
Mages, de Bonifacio.

L'après-midi une gondole nous a conduits chez
un antiquaire qui a de fort belles choses, mais sait
malheureusement son métier : il avait de vieux
marbres et de vieux bois sculptés, des étoffes
brodées d'or et de soie, des bronzes qui m'ont bien
tenté, mais l'exiguité de mes moyens a arrêté net
mes projets et mes désirs d'achat. Jean, lui a
acheté un lion de Saint-Marc en marbre blanc et
lui a commandé une assez jolie chaise en bois
sculpté. Le vieux Rietti est un vrai type, adroit,
coulant, poli, et ferme quand son intérêt l'exige ;
un vrai type de juif doublé d'italien. Il nous faisait
bien rire quand il disait de son ton solennel avec
geste à l'appui et un léger accent : « Rietti vous le
garantit, Rietti vous le promet. »

L'église des Frari où nous nous sommes rendus

à pied possède parmi ses merveilles deux superbes monuments : le tombeau gigantesque du Titien décoré de figures allégoriques et celui de Canova en forme de pyramide, tous deux sont en marbre blanc. d'un admirable travail et bien dignes des deux grands génies dont ils renferment la dépouille mortelle. — Notre nuit, quoique excellente, a été troublée par un chant qui s'est élevé si triste, si lugubre, si désolé dans la nuit silencieuse, que Jean qui l'a mieux entendu que moi en était frappé et n'a pu qu'avec peine reprendre son sommeil interrompu par ces accents sinistres. Est-ce quelque mauvais plaisant ? Est-ce quelque douleur véritable qu'un pauvre malheureux cherche à rendre moins lourde en la chantant au vent qui passe, et en la faisant en quelque sorte partager à ceux qui sont heureux ?... Ce serait assez la note du caractère italien qui vit tout en dehors et porte un cachet profond d'exubérance.

Ce matin nous avons visité l'église des Jésuites, fort riche avec ses colonnes blanches dessinées de marbre noir incrusté ; la statue de saint Ignace est couverte d'une aube et d'ornements en véritable dentelle de marbre, mais le goût n'est pas irréprochable ; l'or du plafond est un peu clinquant et l'architecture un peu lourde. Dans la journée nous comptons aller au Lido en bateau à vapeur et nous préparer à quitter demain à six heures du matin cette ville délicieuse, inoubliable, pour Padoue, Bologne et Florence.

Florence. 13 octobre 1892.

Nous l'avons faite cette charmante promenade du Lido où l'Adriatique vous apparaît dans toute sa splendeur, sans rivage lointain pour arrêter la vue, ni terre prochaine pour détourner les regards rien que le ciel et la mer. Une grande plage où vient mourir la vague possède un établissement de bains fréquenté en été par les Vénitiens accablés par la chaleur du jour ; de larges avenues plantées d'arbres d'essences diverses y conduisent et cette végétation vous étonne au sortir de Venise où la verdure est rare. Nous sommes revenus sur le bateau, par un splendide coucher de soleil, avec cette dame italienne de notre hôtel, elle parle bien le français et s'est montrée fort aimable pour nous ; pendant que Jean lui parlait, j'entretenais une pénible conversation avec une blonde fille d'Albion compagne de l'Italienne : je comprenais mal son anglais et encore plus mal le peu de français qu'elle essayait d'articuler ; de son côté, elle n'entendait nullement mon français et riait sous cape de mon anglais parfois fantaisiste et légèrement francisé. De retour à Venise nous avons été chez un antiquaire : encore un type d'Italien gai, spirituel même blagueur, mais ne connaissant guère d'autre dieu que l'or, et d'autre morale que son intérêt. — Pour notre dernière soirée le ciel s'était couvert et sur la mer noire les gondoles glissaient avec la grâce et l'élégance de cygnes qui se pavanent en allongeant leur grand cou. — A six heures du matin hier nous quittions tristement Venise emportant de l'ancienne reine de l'Adriatique un souvenir fait de charme et de poésie, et dans le cœur un regret pour ces heures heureuses passées sur ses flots !

> Ainsi tout change, ainsi tout passe,
> Ainsi nous-mêmes nous passons,
> Hélas ! sans laisser plus de trace
> Que cette barque où nous glissons
> Sur cette mer où tout s'efface.
>
> (LAMARTINE, *Golfe de Baïa*).

A sept heures et demie, nous étions à Padoue : la ville s'éveillait, dans les rues bordées d'arcades des ménagères allaient au marché, puis des voitures curieuses, sortes de paniers-araignées traînées par des chevaux dans le même style, passaient chargées de légumes et de fruits. Rien ne nous a beaucoup frappés dans cette petite ville vieillotte, si ce n'est la place des Herbes et celle des Fruits entourées de vieux palais et assez animées à cette heure de

marché. Le premier monument à visiter est l'église
Saint-Antoine ; c'est une immense construction à
six dômes très élevés, elle renferme de nombreux
monuments funéraires, entre autres, la tombe de
deux italiens dont j'ai oublié le nom : les bustes du
père et du fils placés sur un entassement de livres
et de couronnes en marbre simulant la science et
la gloire humaines, se détachent sur un drapeau
glorieux qu'un squelette représentant la mort
déploie et emporte avec lui. — Mais ce qui attire
le plus en cette cathédrale c'est la chapelle de
Saint-Antoine-de-Padoue : quatre colonnes et deux
piliers de marbre blanc soutiennent une sorte d'arc
de triomphe couronné de statues de saints et
servent comme d'entrée à la chapelle, où l'autel de
marbre s'élève sur un escalier de plusieurs marches
de la même pierre. Les murs sont ornés de bas-
reliefs remarquables de Sansovino, Campagna....
etc... Le peuple paraît avoir une grande dévotion
pour « Il Santo, » comme on l'appelle commu-
nément, à la messe où nous avons assisté il y
avait un grand nombre d'hommes et de femmes, et
plusieurs sont allés après la messe embrasser et
vénérer la tombe du saint qui sert d'autel. — Après
ce pèlerinage nous sommes revenus à la gare où
nous avons déjeuné dans un buffet si sale que rien
que la vue nous enlevait net tout appétit.

De Padoue à Bologne la route est assez jolie, la

vigne couvre les arbres, le cep est planté à quelque
distance et on laisse ses bois s'enrouler autour du
tronc et des branches, de sorte que cela forme
d'arbres en arbres des guirlandes de verdure fort
gracieuses ; il y a, d'ailleurs, cette année grande
abondance de raisins, les marchés de Venise en
étaient encombrés. Le vin est enfermé dans de
jolies bouteilles entourées de jonc tressé et pour les
déboucher on en brise le goulot, puis on enlève la
petite couche d'huile qui surnage toujours à la
surface et qu'on a soin d'y verser en mettant en
bouteille pour empêcher, dit-on, l'évaporation du
vin.

Bologne, où nous sommes arrivés vers trois
heures, est une belle ville, les rues sont larges et
l'on ne voit à droite et à gauche que d'immenses
hôtels à grands portails et à larges fenètres solidement bâtis en beau granit. On se demande qui
peut habiter ces superbes maisons, car la ville
manque totalement de gaieté et d'animation ; les
façades sont presque toutes peintes en couleur
thé, marron clair ou rouge, ce qui n'est pas d'un
goût exquis, mais ce qui donne à la ville un aspect
de propreté remarquable surtout lorsqu'on sort de
Venise. L'hôtel d'Italie où nous étions était dans
ce genre ; grand et beau portail, vaste cour carrée,
large escalier de granit ; on est prévenant dans cet
hôtel, bien logé et bien nourri.

Notre temps était compté, nous avons donc été visiter immédiatement l'église Saint-Dominique qui renferme le corps de ce saint dans une belle chapelle de marbre sculpté, et d'autres monuments assez remarquables. San-Stefano est la plus vieille église de Bologne, elle se divise en sept temples différents dont le plus ancien date du ive siècle, entre chaque église se trouvent des cloîtres jadis occupés par des Olivetains; on y conserve les corps de saint Vital et de saint Agricole. Les tours penchées ont aussi reçu notre visite, mais quatre cent-quarante-sept marches à gravir nous ont effrayés et nous avons eu la paresse de rester au bas, pas bien longtemps d'ailleurs, dans la crainte que Gar risanda ne laissât aimablement choir sur nos chefs ses briques vieilles de huit siècles.

C'est en voiture que nous nous sommes rendus à Saint-Michel in Bosco par une charmante route verdoyante : cet immense bâtiment, ancien couvent qu'on transforme en établissement orthopédique, est dans une superbe position : le soleil se couchait. à nos pieds apparaissaient Bologne et ses innombrables clochers, plus loin la campagne voilée d'un brouillard léger comme une gaze où la lumière se jouait, puis plus loin encore la ligne bleue des Apennins. Nous sommes restés longtemps à admirer ce superbe panorama déroulé devant nos yeux avec ses aspects changeant à mesure que la lumière diminuait, tandis que le gardien, un ancien peintre, nous expliquait ce que nous voyions. A l'intérieur, les cloîtres renfermaient de remarquables fresques maintenant disparues ou déshonorées depuis que Napoléon Ier y a enfermé des prisonniers, assassins et voleurs qui n'ont pas épargné ces chefs-d'œuvre et les ont lacérés pour se distraire pendant leurs loisirs. Dans l'église, une remarquable Madeleine d'un élève du Guide : la tête lumineuse, expressive, est tout à la fois empreinte d'amour, de repentir et de douleur profonde et tendre.

En descendant la colline de Saint-Michel on nous a fait remarquer à mi-côte l'endroit où, comme à Venise, on tire le canon à midi et à minuit pour annoncer le milieu du jour et de la nuit. — Enfin ce matin, après une nuit complète de repos nous avons pris le chemin de Florence. Les wagons de 1re classe ne sont pas bons dans la belle Italie, ils sont, soit en étoffe de crin mastic, soit en velours rouge et ces derniers sont les meilleurs ; quant à l'éclairage il n'est pas dans le progrès, on n'a pour toute lumière qu'un quinquet huileux et fumant fort insuffisant pour vous permettre de lire. Les secondes sont encore plus mauvaises ; on n'a pour tout siège qu'un coussin peu épais sur un banc de bois. Depuis Porretta la route est pittoresque, les montagnes se revêtent de forêts de châtaigniers et la vallée se rétrécit ; elle est moins sauvage, moins

grandiose que la route du Saint-Gothard, cependant ce torrent dans ce vallon étroit entre deux
montagnes vertes a quelque chose de pittoresque
et de charmant ; malheureusement les tunnels sont
trop fréquents, on n'a pas le temps d'admirer que
déjà les ténèbres vous enveloppent. A Pittecio la vue
est splendide : au-dessous de vous les montagnes descendent en pente douce et boisée s'étageant au milieu
des ravins et des précipices enchevêtrés, jusque
dans la vallée riche et luxuriante où surgit Pistoïe
qui se trouve ainsi placée entre deux chaînes de
montagnes : tout ce panorama recouvert en partie de
la brume de l'automne est vraiment imposant dans
ses vastes proportions et son horizon lointain. De
Piteccio, le chemin de fer descend constamment de
tunnels en tunnels et de viaducs en viaducs jetés
sur des ravins profonds jusqu'à Pistoïe. Nous y
avons déjeuné à la hâte et faisions notre entrée à
une heure et demie dans Florence la belle. L'al-
bergo Cavour ne vaut point celui d'Italie à Bologne,
l'entresol où nous sommes logés est fort bas, et la
lumière n'y pénètre que par une étroite fenêtre
parcimonieusement ouverte sur une rue peu fré-
quentée.

Comme Bologne, Florence est admirablement
pavée de larges dalles n'offrant au pied aucune
inégalité et bien supérieures à nos étroits pavages
entre lesquels s'ouvrent de véritables précipices.

Notre première visite a été pour la cathédrale tout en marbre blanc et noir : c'est riche et beau, cependant j'avouerai que ces bandes de marbre noir et ces dessins de marbre de couleur font un peu trop penser à ces plats montés où les truffes couvrent de fioritures la pièce principale. Je dois avoir fort mauvais goût, et, si ce n'était ici, je n'oserais pas risquer cette simple critique dans la crainte de me faire traiter de barbare et d'ignorant. Le dôme au contraire est superbe et Brunneleschi est un grand génie, lui qui a su maintenir ainsi dans les airs cette immense coupole harmonieuse dans toutes ses parties et légère malgré ses monumentales proportions. Le maître-autel se trouve sous ce dôme de quatre-vingt-onze mètres de hauteur, il est entouré d'une balustrade de marbre de 1^m,60 environ ornée de bas-relief remarquables ; il y en a surtout un dessiné par Michel-Ange et exécuté par l'un de ses élèves, qui est d'une grande perfection. Derrière le maître-autel je n'ai pu me lasser d'admirer le groupe de Michel-Ange, le Christ au tombeau : le corps a la véritable attitude d'un corps inanimé, la tête divine va, sans forces, retomber sur le sein maternel tandis que le bras dont tous les muscles paraissent, est soutenu par un apôtre, saint Jean, je crois, c'est une profonde impression que l'on ressent à la vue de cette tête sans vie, de cette mère qui pleure, de tout ce

groupe enfin rempli d'une douleur sainte et touchante. — La sacristie renferme un joli monument
de marbre orné de têtes d'anges fines et expres-
sives, les murs sont recouverts d'anciennes
boiseries incrustées de bois de citronnier.

Nous nous sommes ensuite rendus à Santa-Croce
transformé en Panthéon : la façade est décorée
de marbres fort riches et l'intérieur est un admirable musée de sculpture. Cette immense nécropole
renferme les corps de Machiavel, Rossini..., etc...
L'un des plus remarquables monuments est celui
où repose le corps de Michel-Ange : il est soutenu
par trois statues représentant la Peinture, la Sculpture et l'Architecture sous les traits d'une femme
assise, portant le tombeau sur une épaule, et dans
sa main, sa tête qui semble accablée sous le double
fardeau de la douleur et du regret. La chaire de
l'église de Benda-Majano est, dit-on, et je le crois
sans peine, la plus belle de l'Italie, couverte de bas-
reliefs d'une finesse et d'une grâce merveilleuses.
Au monument d'Alfieri, il faut remarquer la statue
de l'Italie, la souplesse des plis du manteau, le
beau profil grec de la statue et la perfection du
bras qui retombe gracieusement le long du corps.
Je n'en finirais pas s'il fallait décrire ici le
monument de Chérubini et plusieurs autres
renfermant les dépouilles de dames polonaises
ou de grands hommes florentins ; la plupart sont

de très remarquables monuments d'architecture et de sculpture.

Florence, vendredi 14 octobre 1892.

Ce matin, visite du Palais-Vieux dont les vastes salles sont remplies de statues et les murs ornés de fresques : le buste du Dante dans la salle des Lis est entouré d'un rempart de drapeaux de soie et de satin de toutes couleurs offerts par les villes d'Italie pour le sixième centenaire du grand poète. La loggia dei Lanzi qui s'ouvre sur la piazza dei Signori renferme des chefs-d'œuvre de sculpture : un Enlèvement des Sabines et une statue de Benvenuto Cellini représentant Persée enlevant la tête de Méduse dont les traits sont horribles à voir. Après déjeuner nous nous sommes rendus sous la pluie au couvent Saint-Marc où se trouvent de nombreuses fresques de Fra Angelico. Oh ! qu'il a bien mérité sa réputation ce peintre religieux si proche de l'idéale beauté, quels délicieux types il a su créer ! Dans l'une des cellules la madone peinte sur cuivre, Madona della Stella, et dans le corridor la Vierge entourée de saints et portant sur ses genoux l'Enfant Jésus vous font croire que le peintre a dû voir dans une céleste vision ces figures d'une beauté surhumaine, immatérielle :

l'Enfant Jésus est l'une des plus charmantes têtes
d'enfant que j'aie jamais vue ; les cheveux sont
blonds, les yeux grands, la bouche petite et
sérieuse, sur toute la physionomie brille une lueur
de sagesse, de bonté, de douceur véritablement
divines ; c'est la sagesse grave et profonde de
l'Homme-Dieu se devinant sous les traits charmants
d'un enfant. Parmi les saintes Femmes au Tombeau
il y a aussi de bien jolis types de douceur angé-
lique, de piété et de tendre admiration.

Dans l'église della Annuntiata quelques tableaux
d'Andréa del Sarto ; au Baptistère nous avons
surtout admiré les trois portes colossales en bronze,
par Pisano et Ghiberti, les petits tableaux qui les
décorent sont des merveilles, que d'art, que de
science il faut pour donner au métal ce relief et
cette vie !

A Santa Maria Novella les fresques de Philippino
Lippi représentant les miracles et le martyre de
saint Jean et de saint Philippe sont l'œuvre d'un
grand pinceau et la preuve d'un goût excellent.
Tout à côté s'étend un immense cloître jadis couvent des Dominicains, aujourd'hui converti en
école des Cadets, il est couvert de fresques dont
quelques-unes assez jolies de Cigoli, Allori, Focetti ;
la chapelle espagnole est celle que Michel-Ange,
qui la voyait s'élever sous ses yeux, appelait sa
fiancée, elle est construite de telle façon qu'un indi-

vidu parlant tout bas dans un angle est parfaitement entendu par un autre individu placé à l'autre
angle, comme si, entre eux, se trouvait un fil télé-
phonique ; le plafond est peint par des élèves de
Giotto.

Florence, samedi 15 octobre 1892.

Ce matin notre première visite a été pour la
chapelle des Médicis. Dieu, quelle splendeur ! et
quel beau reflet de la puissance et de la richesse de
cette illustre famille ! Les murs revêtus de marbre
formant octogone soutiennent un dôme assez élevé et
fortgracieux couvert de belles peintures de Benvenuti un peintre moderne. Vous dire la splendeur de
ces marbres est impossible : tous s'y trouvent réunis
depuis le porphyre et le jaspe jusqu'au marbre
blanc et au marbre jaune ; les armes des seize
villes de Toscane sont des merveilles ; la nacre, le
lapis lazuli s'y incrustant en chaînes, en anneaux,
se mêlent aux pierres les plus riches. Autour de la
chapelle sont rangés les sarcophages de six princes
de Médicis ; on n'est pas étonné en voyant ces
splendeurs princières d'apprendre que la chapelle
a coûté 22 millions. Dans la sacristie nous avons
admiré les célèbres statues de Michel-Ange, le Jour
et la Nuit ; la Nuit est représentée sous la forme

d'une femme qui s'endort, le front appuyé sur la main droite.

Vers deux heures, après une séance chez Brogi le photographe, nous nous sommes rendus pédestrement à l'Académie des Beaux-Arts qui nous a fort intéressés. Dans une petite salle à gauche, à remarquer tout d'abord deux charmantes Vierges de Boticcelli, et une Descente de Croix du Pérugin. Au premier étage le tableau de Benvenuti « Hector réprimandant Pàris » m'a beaucoup frappé ainsi que « la Mort de Raphaël », par Morgari, tableau dans lequel toute la vie du peintre semble s'être concentrée dans ses yeux tandis qu'une femme serre en pleurant sa main défaillante dans les siennes et qu'un cardinal les exhorte tous deux à la résignation dans la douleur. De Bezzuoli « l'Entrée de Charles VII à Florence »; l'expression de la physionomie du roi est hautaine, fière, royale, victorieuse; quelques femmes pleurent, d'autres admirent la richesse du cortège du prince, et des moines parlant au peuple semblent vouloir apaiser sa fureur mal contenue; le page à la livrée de France qui tient le cheval du roi a une délicieuse figure empreinte d'une innocente et juvénile admiration.

Une toile lumineuse, frappante et qui, de l'extrémité des salles précédentes, attire vos regards. c'est celle qui représente saint Jean-Baptiste devant

Hérode, par Fattore : le saint, debout devant le roi. lui parle avec un courage que peut seule donner la conscience du devoir accompli, avec une sorte de supériorité et de hauteur qui ne peut venir que de la seule crainte du Roi des rois ; assis sur un trône, couronné d'une tiare dont les pierres précieuses ressortent plus brillantes sur l'étoffe blanche qui couvre sa tête, ses mains brunes sur le bras du fauteuil royal, Hérode tient, baissés sur le riche tapis, ses yeux où se lit le remords, un pli se creuse entre ses noirs sourcils sans qu'il paraisse pouvoir lever vers saint Jean ses regards rivés au sol ; le même pli, mais plus haineux, plus audacieux, se remarque sur le front blanc de la superbe femme qui se tient debout près de lui dans toute son orgueilleuse insolence, tandis qu'une enfant assise sur les marches du trône et tenant une harpe à la main, regarde ce spectacle avec une frayeur mêlée d'étonnement. Je ne sais si cette toile est réputée, mais la pose, les couleurs et l'expression des physionomies en font un tableau d'une beauté frappante.

Au sortir du Palais des Beaux-Arts une voiture nous a conduits au Viale dei Colli ; par ce temps clair et ce ciel d'azur la vue du haut de la colline était admirable sur Florence et l'Arno se déroulant à nos pieds, sur les montagnes boisées où s'étagent

les maisons de Fiesole et sur le lointain bleuâtre
des Apennins qui apparaissent baignés dans cette
lumière d'or rosé du couchant. La descente est
charmante, elle s'accomplit par une route bordée
de jolies villas ; à droite et à gauche, ce ne sont
que platanes au large feuillage, arbres d'essences
diverses, haies verdoyantes de lauriers et plates-
bandes de fleurs : là viennent aussi les équipages
élégants qui montent et descendent de la Porte
Romaine à la place Michel-Ange, dans un va-et-vient
plein d'animation.

En rentrant nous avons fait l'école buissonnière
et nous sommes arrêtés chez un sculpteur en vogue ;
ses charmantes statues de marbre de Carrare, si
blanches et si fines dans leur transparence, nous
ont fait commettre plus d'un péché d'envie ! Nous
nous en sommes tenus, hélas ! aux plus petits
modèles qui étaient seuls en rapport avec les
modiques proportions de nos bourses déjà fort
allégées.

Rome, lundi soir 17 octobre.

Nous voici donc, depuis ce matin, dans la Ville
Éternelle, celle des Empereurs, des Saints, des Héros,
la ville capitale de l'univers ! Mais avant de narrer

ici les impressions grandes et diverses, causées en moi par mon entrée à Rome, je dois dire encore quelques mots de Florence la belle.

Hier matin, c'était dimanche, et nous avons assisté, dans une petite église voisine de l'hôtel, à une messe dite de façon à porter sur les nerfs des gens les moins sujets à ce genre d'impression : la voix haute, criarde et chantante du prêtre qui semblait raconter une histoire banale ou lire pour le public un article de journal, s'unissait de la façon la plus discordante à celle de l'enfant de chœur qui lui donnait la réplique en hurlant des mots dont une moitié seulement sortait de son gosier, l'autre y restant. Je crains que ce vilain ton ne soit un usage en Italie, car déjà à Padoue nous avions fait la même remarque.

A dix heures, les portes des Uffici s'ouvraient devant la foule qui grimpait, haletant et soufflant, les trois étages menant aux galeries : on pénètre dans la première, longue de plus de 130 mètres, ornée de statues plus ou moins remarquables et l'on arrive bientôt aux salons latéraux où se trouvent les tableaux. Au milieu, nous entrons dans la Tribuna : c'est le Cénacle, le saint des saints, le sanctuaire des chefs-d'œuvre, et sur le seuil, l'œil est doucement ébloui par ces couleurs fondues des toiles bien éclairées ; à gauche, nous avons la Vierge au Chardonneret de Raphaël, avec l'Enfant

Jésus si touchant dans son attitude . debout contre
les genoux de sa mère et caressant tendrement le
pauvre petit oiseau ! A côté, encore de Raphaël, un
superbe corps de saint Jean-Baptiste, enfant brun
vigoureux, aux prunelles brillantes d'intelligence
qui se tient ferme et droit au pied d'un rocher
noir ; puis la belle tête de la Fornarina de Raphaël.
Non loin de là est la Vénus du Titien étendue sur
un lit de repos au sortir du bain, dans une pose
gracieuse et naturelle. J'ai encore noté tout parti-
culièrement : le Repos de la Sainte Famille dans la
fuite en Égypte du Corrége ; une Vierge et des Saints,
d'Andrea del Sarto, la Sainte Famille de Michel-
Ange, une Vierge avec Enfant de Van los Carlo, une
Femme, de Schalker, puis une Vierge de Sasso-
ferato, admirable comme expression de la douleur
profonde, infinie, mais sanctifiée par l'amour et la
résignation. Du Titien, la Flora est un beau modèle
de ces cheveux blonds dont l'artiste aime à parer
généralement ses têtes de femmes : ces cheveux
d'or roux encadrant à profusion ces chairs blanches
éclairées de deux grands yeux brillants et bien
fendus en font une beauté pleine de rayonnements
qu'on ne se lasse pas d'admirer. Dans la Tribune il
ne faut pas non plus manquer d'examiner les cinq
chefs-d'œuvre de l'antique qu'on y trouve : un
Satyre, un groupe de Lutteurs, un Rémouleur, un
Apollon et surtout la fameuse Vénus de Médicis.

Le Palais Pitti est le complément des Galeries des Uffici, on y trouve autant de merveilles dans de fort beaux appartements. Ce grand édifice solidement bâti en blocs de granit taillé a été jadis élevé par de riches bourgeois, les Pitti, ennemis jaloux des Médicis ; c'est maintenant le palais du roi d'Italie lorsqu'il vient à Florence. Ces galeries de peinture comptent, à bon droit, parmi les plus riches du monde ; les salons qui les contiennent sont élevés d'étage, pavés de mosaïques de marbre, les plafonds couverts de dorures et de peintures. Dans les fenêtres sont des fauteuils de velours destinés aux visiteurs. et que j'y ai passé d'heureux instants dans ces fauteuils en face de la Vierge à la Chaise, ou de la Madeleine du Dominiquin. ou des Vierges de Murillo ! Rien de tendre et de suave comme la Vierge à la Chaise, si célèbre : tous les dévouements, toutes les perfections se devinent en ses grands yeux : en même temps qu'elle serre sur son cœur son divin enfant, sa figure trahit une inquiétude comme si elle entrevoyait que dans l'avenir son trésor lui sera arraché des bras pour être attaché sanglant sur la croix d'ignominie. Et les Vierges de Murillo, la Madone du Rosaire, la Vierge avec l'Enfant, si délicieusement belles avec leurs cheveux noirs, leur peau si blanche, leur expression si véritablement céleste. et Jésus si triste avec cette charmante physionomie d'enfant. faite

pour le rire ! Comme ils ont vraiment un don pri-
vilégié, divin, ceux qui peuvent créer dans leur
imagination bornée tant d'idéales perfections et
leur donner la vie par la couleur !

Le Titien a encore au Palais Pitti une belle toile
dans sa Madeleine, qui est plutôt une superbe tête
de femme qu'une tête de sainte ; elle pourrait être
aussi bien nommée comme son autre toile la Belle
qui est également une figure imposante et splendide. On voudrait passer des heures au milieu de
tant d'œuvres d'art, pouvoir consacrer à chaque
tableau, plus de temps, l'étudier, le posséder, et
cela pour ces centaines de toiles dont je ne nomme
qu'une minime partie. Malheureusement nous ne
pouvions nous passer ce plaisir, le temps avançait
trop vite, et après une rapide visite des jardins,
nous nous sommes rendus à la Synagogue des Juifs ;
cette grande nef froide, dorée, clinquante, est de
fort mauvais goût et nous aurions bien regretté
notre temps si nous n'y eussions rencontré une
charmante juive aux yeux bleus, aux cheveux
brun doré qui nous servait de cicerone et valait
bien le voyage.

Il fallut ensuite faire nos malles, et pour occuper
notre longue soirée, jusqu'à onze heures nous
avons été au cirque; ça été pour nous l'occasion
d'étudier de plus près le caractère du peuple
italien : il fait du tapage, siffle, crie, hurle,

applaudit à toute outrance et manifeste avec la plus
grande violence ses sentiments les plus divers ;
notre gaieté en France n'est rien à côté de cette
agitation tapageuse et exagérée.

Encore un joli trait de la rapacité de ce bon
peuple et une preuve de ce qu'il est capable de
faire pour quelques sous : à notre arrivée à la
gare, à peine descendus, trois ou quatre facchini
s'emparent de nos sacs comme si nous étions les
premiers voyageurs qu'ils eussent vus depuis de
longues années, nous escortent et nous conduisent
aux salles d'attente. En passant devant le contrôleur, à mon grand étonnement, je le vois se pencher
à mon oreille et me dire sur un ton de mystère,
moitié en français, moitié en italien : « Signor
veut-il avoir wagon, duæ solæ, benè molto, avec
cabinets... duæ solæ ». Allons, bon ! me dis-je à
part moi, encore une difficulté et de l'argent à
débourser ; mais à la seconde fois je finis par l'en-
-tendre, et je l'assure que nous essayerons d'être
seuls. Jean arrive, même scène : « duæ solæ, benè
molto ». Alors puisqu'ils y tiennent, essayons, et
nous glissons dix sous dans la main tendue de
l'employé qui va trouver un second contrôleur,
lequel va chercher le conducteur du train et après
un colloque à voix basse, escortés de nos trois
gardes du corps et d'un facchino nous nous diri-
geons triomphalement vers un wagon devant

4

lequel ils avaient mis un planton pour empêcher
de monter ; et de la sorte, pour trente sous glissés
mystérieusement dans leurs doigts nous avons
voyagé seuls jusqu'à Rome comme des princes du
sang ou des ministres en déplacement. Quel pays !
quelle rapacité ! l'argent y règne plus que partout
ailleurs et ce que de simples employés faisaient pour
trente sous, le sous-chef de gare l'aurait fait pour
quarante, et le chef de gare pour une pièce de 5 fr. ;
le tout est d'y mettre le prix et d'élever le tarif
d'après le grade. Pour deux sous on vous lécherait
les pieds !

A Monte-Rotondo, comme l'Aurore ouvrait ses
portes, nous ouvrions, nous, nos yeux chargés de
sommeil sur la campagne de Rome. Elle était de
bien méchante humeur, l'Aurore, ce matin, et
versait des pleurs par trop abondantes sur les
champs environnants ; malgré la pluie nous aper-
cevions au fond d'une vallée assez large, plate et
triste, que parcourt le Tibre boueux, les montagnes basses tout encapuchonnées de nuages noirs.
Mais soudain à l'horizon, colossal, grandiose,
comme isolé, nous apparaît le dôme de Saint-Pierre
qui réveille en nous tous nos vieux souvenirs et
nous fait pousser des cris de joyeuse admiration.
Nous voici donc aux portes de cette ville, depuis
tant de siècles reine de l'univers, si féconde en
génies, si grande du passé, si respectable pour le

présent puisqu'elle est le siège de la chrétienté !
cette ville d'où si longtemps tout rayonna, d'où
part encore aujourd'hui l'oracle de vérité, debout
toujours sur tant de ruines et tant de glorieuses
poussières ! Je vous évoque, grandes ombres du
passé : Romulus et Remus frères élevés par la louve
légendaire, César, Pompée, puissants tous deux,
tous deux rivaux, Cicéron, Auguste, Horace et
Virgile, et vous, cohortes de saints et de martyrs
qui avez fait de cette ville la ville sainte et véné-
rable par excellence, par le sang généreux dont vous
l'avez arrosée ! Souvenirs de gloire, de puissance,
de majesté qui nous faisaient battre le cœur quand
nous fîmes notre entrée par une pluie diluvienne
dans la Ville Eternelle. Car il y a une gare dans la
ville des Césars, un télégraphe dans l'Urbs de Virgile et d'Horace, et des magasins, et des tramways !!!... Oh ! grand Dieu ! la civilisation !
comme parfois on lui en veut de gâter le passé !
de venir avec ses mesquines inventions d'utile
et de confortable, reléguer au second plan la belle
antiquité avec son idéale et simple poésie ! Nous
étions tout désillusionnés de voir des ruines
célèbres entre un magasin de parapluies et un
magasin de chaussures, et il fallut la bonne lettre
qui m'a souhaité la bienvenue à l'hôtel pour me
remettre en belle humeur.

Après une toilette assez longue nécessitée par

notre voyage de nuit, nous nous sommes mis en campagne. Sainte-Marie-des-Anges qui a reçu notre première visite n'offre rien de très curieux, non plus que Saint-Laurent et que Sainte-Croix-de-Jérusalem ; en dehors de leur antiquité et de certains détails d'architecture que nous n'étions point à même d'apprécier, on ne se rend à ces églises que pour vénérer les insignes reliques qu'elles renferment : Sainte-Croix bâtie par sainte Hélène conserve un clou de la Sainte Couronne, un doigt de saint Thomas, etc., et à Saint-Laurent sont les corps de saint Laurent et de saint Etienne près desquels j'ai prié de mon mieux pour leurs homonymes de ma famille.

Sainte-Marie-Majeure est plus riche, elle possède de superbes marbres : l'autel de la chapelle Borghèse est un bloc de jaspe, de lapis lazuli et de porphyre orné de bronze doré ; en face, dans la chapelle Sixtine se trouvent d'admirables plaques d'albâtre transparent. Sous le maître-autel est conservée une planche de la crèche, qu'on découvre seulement à Noël. La voûte à caissons est peinte et j'y ai remarqué surtout un Couronnement de la Vierge, par Turrita. Pendant que nous visitions l'église on célébrait un salut à l'issue d'une messe dans une chapelle du bas-côté de gauche, et c'était chose curieuse de voir, dans cette grande nef nue, sans chaises (car en Italie c'est l'usage de ne point

mettre de chaises), de nombreux groupes d'hommes,
de femmes, d'enfants, chantant à tue-tête, dans
tous les coins, et jusque dans les confessionnaux,
le *Tantum ergo* entonné par le prêtre.

La Minerva Medica ne nous a pas retenus longtemps, mais nous avons au contraire été fort
heureux de voir la Porte Majeure, une belle construction, solide encore, du IVe siècle.

L'aspect général de Rome est plein de contrastes :
c'est un mélange bizarre de moderne et d'antique,
de palais et de chaumières, comme une vieille
étoffe d'un riche tissu raccommodé çà et là par des
pièces criardes et disparates. On regrette presque
de voir les rues si larges, les magasins si nombreux,
les places si ornées ; de n'y pas trouver le luxe
somptueux d'une grande capitale, ni la majestueuse
simplicité de la ville antique. La première impression est une désillusion, mais qui sait quelle sera
celle de demain ?

A quatre heures, revêtus solennellement de nos
plus beaux atours, fort intimidés de nous présenter
seuls chez un ambassadeur que nous ne nous
figurions pas être un homme comme un autre,
nous avons pris, ou plutôt voulu prendre le chemin
de l'ambassade de France près le Saint-Siège pour
y remettre la lettre de recommandation de M. de
Vernouillet : arrivés à la porte d'un immense palais
orné des armes du Saint-Père, nous nous décidons

à entrer et nous nous trouvons en face d'un grand diable de portier qui nous semblait si imposant que nous l'eussions pris volontiers pour l'ambassadeur. Enfin nous parvenons à articuler quelques sons et le portier de l'ambassade d'Autriche (au palais de Venise comme nous l'apprîmes plus tard), pris de pitié, nous envoie au Corso d'où l'on nous renvoie à la concierge du palais Colonna; celle-là, une brave femme, fort bien douée sous le rapport de la langue, nous dit : « Ah ! oui, je sais... mais c'est au palais Farnèse. »

« Pas du tout. dis-je, au palais Farnèse se trouve l'ambassadeur près du roi, et nous voulons trouver l'ambassadeur près du pape. »

« Ah bien ! attendez, je sais, c'est..., c'est au palais... ma foi, j'ai oublié, demandez donc ailleurs. » Munis de ces renseignements aussi abondants que précis nous nous adressons à un passant qui ne peut rien nous dire si ce n'est que c'est plus haut ! !... Plus haut est un peu vague dans une ville qui possède sept collines et plus ! !... Un premier monsieur veut nous reconduire au palais Colonna, un second opine pour le palais Farnèse et un troisième, après avoir pris conseil de quatre aides, nous donne enfin un guide qui nous amène à un palais où un grand diable de concierge à casquette dorée (car ils sont tous beaux hommes ces concierges) nous indique un second

palais à gauche. Là, pas de doute, nous y sommes.
Une femme que nous trouvons dans la cour ne
parle pas français et ne comprend rien à notre
italien, une autre nous fait monter au quatrième
étage dans un escalier tout noir où il n'y avait
personne, enfin, après avoir vainement sonné à la
porte des archives, histoire de se renseigner, et
être redescendus, après deux ou trois nouvelles
indications contradictoires, furieux, vannés, rendus,
nous trouvons un valet de pied qui nous dit que
« monsieur s'habillait et qu'il nous recevrait
demain ! » Tout cela après une heure de recherches
et quand on a fait provision de courage ! ! Enfin
demain nous avalerons la pilule. mais cette fois
nous connaîtrons le chemin.

Rome, mardi 18 octobre 1892.

C'est ce matin sous un ciel bleu donnant l'illusion de l'été que nous nous sommes acheminés vers
la grande basilique, première église du monde par
son chef. par ses reliques. sa grandeur et sa
beauté. La façade vous apparaît bien encadrée au
milieu de cette immense place entourée des colonnades profondes du Bernin. Malheureusement cette
façade est trop élevée pour le dôme qui semble, à
mesure qu'on approche, moins majestueux, moins

grandiose, parce que le faîte de la façade en cache
la base. Que dire de cette basilique si imposante et
si souvent décrite ? Je me trouve ici écrasé par ma
tâche comme je l'étais au seuil de Saint-Pierre par
la magnificence harmonieuse de ce gigantesque
édifice, manifestation sublime d'une sublime pensée.
On est comme dominé d'une noble impression de
respect, d'admiration, qui est presque la crainte
quand on vient à penser que ce n'est qu'une œuvre
d'hommes, et que, même si proche de la perfection,
elle est encore imparfaite et petite auprès des
œuvres de Dieu.

Lamartine a bien exprimé l'impression ressentie
à la vue de Saint-Pierre lorsqu'il dit : « Saint-Pierre
est l'œuvre d'une pensée, d'une religion, de l'humanité tout entière à une époque du monde. Ce n'est
plus là un édifice à contenir un vil peuple, c'est un
temple destiné à contenir toute la philosophie,
toutes les prières, toutes les grandeurs, toute la
pensée de l'homme. Les murs semblent s'élever et
s'agrandir non plus à la proportion d'un peuple,
mais à la proportion d'un Dieu. Michel-Ange seul
a compris le catholicisme et lui a donné dans
Saint-Pierre sa plus sublime et sa plus complète
expression. Saint-Pierre est véritablement l'apo-
théose en pierres, la transfiguration monumentale
de la religion du Christ; la beauté incomparable
de Saint-Pierre de Rome c'est que c'est un temple

qui ne semble destiné qu'à revêtir l'idée de Dieu de toute sa splendeur. »

Tout le chapitre est admirable de vérité, et le citer serait trop long, comme le serait l'énumération de chaque peinture, de chaque tombeau de la grande basilique. Ce qui m'a longtemps retenu c'est le groupe en marbre de la Pieta, de Michel-Ange. où les corps de la Mère et du Fils sont si charmants de formes, et la figure de la sainte Vierge, si remplie de douleur, qu'on en est ému et remué jusqu'au fond de l'âme. Le monument du pape Grégoire XIII est l'un des chefs-d'œuvre de Canova : les lions couchés au pied du tombeau ont une physionomie parlante : l'un est l'image du courage, de l'énergie, l'autre de la magnanimité digne et bonne du Souverain Pontife ; ce dernier à genoux dans l'attitude de la prière la plus fervente, porte sur ses traits remarquablement modelés, l'empreinte d'une âme généreuse et sainte. la figure est maigre, distinguée, d'une grande finesse de contours et de dessins.

Autour de la crypte où repose le corps de saint Pierre brûlent plus de quatre-vingts lampes qui jamais ne s'éteignent et semblent le symbole de l'éternelle stabilité promise à l'Église en la personne de son Chef.

Après le déjeuner nous nous sommes rendus, par la place Monte-Cavallo ou du Quirinal, au cimetière

des Capucins, et certes nous étions loin de nous
attendre au spectacle que nous y avons vu : dans
trois ou quatre caveaux assez sombres situés au-
dessous de l'église se trouvent réunis, amoncelés
en forme de voûte, et formant sur les murs de
lugubres dessins, les ossements de quatre mille
capucins ; quelle horrible impression vous font ces
murailles de crânes blanchis, aux orbites creusés,
aux mâchoires vides et béantes, et surtout ces
squelettes recouverts de la robe monacale, dont les
mains à demi rongées se croisent sur la poitrine,
dont le crâne ressort effrayant, horrible sous la
cagoule brune avec leur macabre sourire ! Quelques-uns ont encore des touffes de barbe suspen-
dues au-dessous de deux rangées de dents serrées,
contractées par les derniers spasmes de l'agonie ;
et l'on contemple avec effroi dans leurs niches
d'ossements et de tibias, ces momies rapetissées,
desséchées, lugubres, uniformes. C'est bien là que
vous apparaît frappante la grande égalité devant
la mort, et que se rabaisse votre orgueil au niveau
de ces restes informes. Fort impressionnés de cette
funèbre visite, quoique satisfaits de ne l'avoir pas
manquée, nous nous sommes rendus à l'ambassade que nous avons trouvée cette fois sans aucune
peine. Notre timidité augmentait à chaque pas ;
introduits dans le salon après avoir envoyé nos
cartes, nous voyons s'avancer vers nous un jeune

homme à la mine très avenante ; notre trouble aug-
mente et nous nous demandons tous les deux avec
anxiété quel peut être ce personnage. Est-ce l'ambassadeur ?... N'est-ce pas l'ambassadeur ?... Il nous
semble bien jeune, et... cependant ! !... Nous étions
là, bouche béante, sans prononcer un parole, sans
aucune idée présente, quand le jeune homme en
question nous tira de tout souci et nous décéla son
identité d'attaché d'ambassade en nous demandant
si nous attendions Son Excellence. Tandis que nous
bégayions une réponse tous les deux ensemble, il
nous pria fort honnêtement de nous asseoir sur de
très bons fauteuils, mais nous étions si bêtes et si
interloqués, que nous avions l'air de deux gros
paysans introduits pour la première fois dans un
salon bourgeois. Nous commencions chacun de
notre côté des phrases que nous n'achevions pas
dans l'espoir que l'autre les finirait ; enfin heureusement que l'entretien fut bientôt interrompu en si
bon chemin par un domestique qui vint nous pré-
venir que Son Excellence nous attendait. Nous
avions repris tout notre aplomb en entrant dans le
cabinet de M. de Béhaine, en qui nous avons trouvé
un homme fort aimable, courtois, poli et simple.
Après un bout de conversation variée sur la
France, notre voyage, les Vernouillet, etc... il nous
a donné un mot pour le maître de chambre du
Vatican où nous nous sommes ensuite rendus ;

malheureusement le maître de chambre était à un office à Saint-Pierre et nous ne pourrons revenir que demain chercher la réponse à notre lettre.

Rome, mercredi 19 octobre 1892.

Nous avons eu l'honneur d'être reçus aujourd'hui même au Vatican, et nous en avons éprouvé une profonde impression. A neuf heures un quart ce matin nous étions devant le secrétaire de Monseigneur le maître de chambre qui nous faisait espérer une audience pour le jour même, grâce à la recommandation *toute spéciale* de l'ambassadeur. Fort joyeux d'une si prompte et si bonne réponse, et comme de jeunes étourneaux que la satisfaction rend encore plus imprévoyants, nous nous mettons, Jean et moi, à gravir les centaines de marches qui mènent au dôme de Saint-Pierre, escortés d'un guide auquel nous avions négligé de demander préalablement son tarif. Ah ! Saint-Pierre est très beau, et la vue sur Rome et la campagne est superbe, mais nous avons trouvé la visite un peu chère quand, arrivés au bas, le guide nous a réclamé 3 francs en exhibant un tarif authentique. Furieux de ce vol manifeste pour trois quarts d'heure de montée, malgré la sainteté du lieu, nous l'avons appelé fripon, coquin, voleur et de beaucoup d'autres noms d'oiseaux, après quoi il nous a fallu néanmoins débourser nos 3 francs juste prix de notre stupide naïveté. Il est à remarquer d'ailleurs que ce brave Italien n'était pas fier, il a empoché argent et sottises sans protester le moins du monde..., affaire d'habitude et de race! De là nous avons gagné le Forum dont les ruines offrent un aspect imposant: nous y avons foulé la large Via Sacra, passé sous l'immense Arc de Triomphe de Vespasien encore debout au milieu de la poussière des siècles comme un vivant exemple de la gloire du tout-puissant empire; nous avons touché ces rostres sculptés d'où s'est fait entendre la grande voix de Cicéron, visité les débris du temple où les chastes Vestales entretenaient nuit et jour le feu sacré qui jamais ne s'éteignait...: tout cela n'est que ruines, mais ruines si riches encore, si remplies de souvenirs historiques ou poétiques qu'on pourrait facilement, qu'on voudrait même passer plus d'une heure à les scruter à leur parler du passé, à apprendre d'elles enfin toute l'histoire du peuple romain dont elles furent jadis la scène.

Après le déjeuner il nous fallut rester à l'hôtel dans l'attente d'un avis qui pouvait, de une à trois heures, nous venir du Vatican. J'étais fort contrarié de n'avoir pas encore reçu l'habit, de rigueur pour toute audience, qu'on m'expédiait de Lancrau; et, à trois heures, après avoir reçu l'avis de nous

trouver à quatre heures et demie au Vatican, je
descendais, furieux, pour aller louer une livrée
noire, quand le maître de l'hôtel m'informe tout
tranquillement de l'arrivée d'un paquet pour moi
à la gare. L'imbécile était prévenu de la veille,
mais avait jugé tout à fait inutile de m'en parler.
Sauter dans une voiture et filer à la gare au galop
du cheval a été l'affaire d'un instant, mais, grand
Dieu !! qu'ils sont donc lambins, formalistes, idiots,
dans cette administration italienne.

A la douane où se trouvait mon paquet pour le
désinfecter à cause du choléra régnant à Paris, ce
sont des pourparlers indéfinis avec deux ou trois
employés qui m'ont fait droguer une demi-heure,
signer, payer dix francs, m'ont renvoyé à un autre
poste et fait sortir par une porte opposée à
500 mètres de ma voiture. J'étais furibond, grognant,
criant, pestant, leur prodiguant sous toutes les
formes des injures qu'ils ne comprenaient nullement, et qui ne les faisaient se hâter en aucune
façon ; ils me regardaient comme un phénomène
et remplissaient leurs maudites formalités avec un
calme et une lenteur désespérantes. Enfin je sortis
triomphant, mon paquet sous le bras, et, dans les
mains, un tas de papiers, récépissés et autres, de
quoi faire la fortune de trois chiffonniers. A quatre
heures un quart nous étions au Vatican. Le cœur
nous battait bien fort en franchissant le seuil de la

porte de bronze devant les gardes suisses vêtus de
jaunes, plus encore au 1er étage, et toujours plus
lorsque nous entrâmes dans une vaste salle où
des chambellans en costume de satin rouge nous
enlevèrent nos pardessus et vérifièrent nos cartes
d'admission. Une dizaine de personnes étaient, avec
nous, admises à cette audience ; plusieurs prêtres,
deux ou trois laïques, puis une seule femme vêtue.
selon l'étiquette, d'une robe de soie noire, la tête
recouverte d'une dentelle de même nuance. De cet
appartement nous passons tous dans une riche
salle où les lueurs adoucies du jour à son déclin
caressent le pavé de marbre et les superbes tapisseries de Raphaël encadrées de brocart rouge.
Chacun parlait bas émotionné par l'attente, vive-
ment remué d'une unique et commune pensée ; on
se serait cru dans une chapelle tant était profond
entre nous ce silence que ne troublait que le bruit
très étouffé des voix et le grelottement discret des
chapelets et médailles qu'apportaient les pèlerins.

Des pas... est-ce lui... ? Non, pas encore, c'est
un chambellan qui vient nous faire lever et nous
placer en haie entre les deux portes de l'appartement que le pape doit traverser. Le silence complet
s'est fait maintenant et mes yeux se fixent d'abord
sur Rome qui s'étend là-bas toute baignée dans la
lumière d'or, puis sur le grand crucifix d'ivoire qui

détache sa blancheur jaunie sur le fond sombre du panneau de tapisserie. Quel intime recueillement ! quelle profonde impression en toutes ces âmes réunies dans une même et seule idée, dominées du même désir, émues de la même attente ! Enfin, de nouveaux pas... Cette fois, c'est lui ! Derrière un évêque portant le chapeau rouge du pape et deux hallebardiers casque en tête, apparaît le Très Saint Père tout blanc dans l'ombre noire, voûté, courbé bien bas, la démarche appesantie par les ans, mais ayant gravée sur ses traits ridés l'expression d'une douceur tendre et paternelle. Tous à genoux courbés sous sa main qui bénit, nous attendons; on lui nomme alors chacun de nous et le Saint Père commence sa tournée : c'est d'abord un homme assez âgé, italien, qui lui parle longuement avec des larmes dans la voix et lui présente même une lettre que le Saint Père lit attentivement; puis il bénit tout spécialement un tout jeune ménage de Bellinzona. Chacun en lui parlant tient dans ses mains sa main si maigre, si décharnée, ornée du superbe anneau qu'on embrasse, et pour chacun il a un mot aimable ; enfin c'est notre tour : on nous présente tous les deux ensemble et le Saint Père nous demande dans un français compréhensible, quoique un peu embarrassé, mais avec une voix profondément bonne et douce, d'où nous

sommes et depuis combien de temps nous nous
trouvons à Rome. Au nom d'Angers il me dit quelques mots de regrets sur Mgr Freppel... « C'était un
grand et vaillant évêque et une grande perte pour
nous ; nous nous occupons en ce moment de le
remplacer », puis il touche nos médailles, nous
promet ses prières et s'éloigne. Après nous viennent deux prêtres qui se trouvent être du diocèse
d'Angers, ce qui fait que le Saint Père demande si
nous ne sommes pas venus ensemble ; l'un est
vicaire à Trélazé, l'autre à la Pouëze, et le Saint
Père continue à causer à chacun, simple, affable
et si paternel que la timidité, le trouble du premier
moment sont vite remplacés par une confiance qui
enlève toute contrainte. Ensuite quand tout est
fini, la tête courbée jusqu'à terre sous ses mains
étendues, nous recevons la bénédiction que pronon-
cent ses lèvres pour nous et pour les nôtres... Il
s'en va maintenant, et chacun debout suit encore
des yeux jusqu'au dernier tournant, ce vieillard si
frêle et si cassé, soutien vaillant, robuste, inébran-
lable de l'Église toute entière ! A notre tour il fallut
partir et nous fîmes route au retour avec les deux
prêtres Angevins, nos compagnons d'audience,
heureux les uns et les autres de retrouver des
compatriotes.

Rome, jeudi 20 octobre 1892.

Ce matin c'est un véritable pèlerinage que nous avons accompli dans huit ou neuf églises au moins. Nous avons commencé à huit heures et demie notre longue promenade par Sainte-Marie-sur-Minerve, l'église des Dominicains, dont le style gothique nous a beaucoup plu ; je préfère ces voûtes peintes dans une église à ces plafonds dorés qui sont plutôt ceux d'un salon ou d'une galerie; l'âme s'élève mieux, prie plus recueillie sous ces hautes arcades que soutiennent de gracieux piliers de marbre. Nous y avons vu le Christ de Michel-Ange malheureusement bien gâté au point de vue sculptural par la draperie lourde dont on a voulu entourer son corps nu.

Le portique du Panthéon, situé tout à côté, nous a émerveillés par sa majesté et sa profondeur, de même que le dôme si bien proportionné qui a pour fond le ciel bleu ; on dirait un voile de soie d'une pureté et d'une transparence merveilleuse étendu sur l'orifice circulaire du toit.

A Saint-Louis-des-Français, notre église nationale où reposent quantité de nos compatriotes, j'ai trouvé de charmantes fresques du Dominiquin représentant différentes scènes de la vie de sainte

Cécile ; son martyre, la distribution de ses vête-
ments aux pauvres... etc...

Santa-Maria dell'Anima et Sainte-Agnès que
nous avons visitées ensuite n'offrent rien de très
remarquable. Cette dernière église est située sur
la place Navone, une belle et longue place ornée
de trois fontaines du Bernin ; celle du milieu représentant les quatre plus grands fleuves du monde
et d'où s'échappe une eau claire et limpide retom-
bant dans un vaste bassin de granit a fait notre
admiration ; rien que la vue et le bruit de la chute
de cette onde fraîche nous faisaient du bien sous ce
chaud soleil de midi.

Santa-Maria-della-Pace n'offre certes rien de
frappant comme église, et ce qui attire de nombreux visiteurs ce sont les Sibylles, de Raphaël ;
les types choisis par le peintre font à eux seuls
preuve de son goût, les figures des anges sont
délicieuses de finesse et de céleste douceur, on y
trouve même une certaine expression d'idéale
beauté qui ne devait guère pouvoir exister à ce
degré que dans l'imagination de poète de Raphaël ;
il y a aussi une tête de vieille femme dont le profil
ridé est remarquablement modelé. Mon juste tribut
de louanges payé à ce chef-d'œuvre, oserai-je
maintenant formuler une critique ?... Je trouve les
bras disgracieux, trop gros pour les corps auxquels ils appartiennent et mal attachés... c'est un

bien gros reproche et bien téméraire adressé d'un
ignorant comme moi au plus grand des peintres,
mais comme mon jugement ne pense pas passer à
la postérité, pourquoi ne pas le risquer?

A une heure nous partions pour le Vatican;
c'était bien naïf à nous de croire que deux heures
suffisaient pour voir ces milliers de merveilles.
Notre billet d'entrée signé nous avons pris le chemin de la chapelle Sixtine ; on m'avait prévenu
d'avance à raison que le Jugement Dernier de
Michel-Ange, ne me ferait aucun effet ; j'avoue à
ma honte que je n'ai vu là que des hommes très
noirs et assez confus sur un fond très bleu, ce qui
m'a rempli d'humiliation et ne m'a donné qu'une
bien faible idée de mon goût artistique. Je préfère
beaucoup le plafond qui offre neuf tableaux divers,
depuis la création jusqu'à l'histoire de Noé, et les
fresques, principalement celle qui représente Jésus
remettant les clefs à saint Pierre, du Pérugin.

Dans les chambres de Raphaël que de merveilles !
Ce n'est pas une heure qu'il faudrait y passer mais
bien un jour entier pour n'en avoir encore qu'une
idée incomplète.

Dans la chambre de l'Incendie quatre fresques
principales; parlons d'abord de celle qui donne
son nom à la salle: quelle animation dans ce
tableau ! ce sont des femmes qui crient et s'enfuient
échevelées, d'autres plus braves qui apportent de

l'eau, des enfants qui pleurent, un jeune homme aux formes athlétiques portant sur ses épaules un vieillard et sous les traits duquel on veut voir Enée sauvant Anchise ; puis au fond, sur son balcon entouré de prêtres et de fidèles, apparaît le Saint Père qui, d'un seul signe de croix tracé dans l'air, arrête l'incendie commencé. On peut admirer ici tout l'art que possède Raphaël de grouper ses personnages et de leur donner l'animation et la vie.

Dans la seconde chambre, celle de la Signature, c'est avant tout le Parnasse qui me plaît ; il y a un grand charme dans la pose d'Apollon qui, assis sur une pierre, joue du violon, tandis que les neuf Muses, charmantes dans leurs longues robes blanches, l'entourent et causent entre elles ; puis nous voyons à côté la belle figure d'Homère qui chante l'un de ses immortels poèmes entre Virgile et le Dante.

La salle d'Héliodore contient le tableau représentant Attila arrêté par saint Léon aux portes de Rome ; le pinceau de Raphaël s'y surpasse pour graver sur les traits du Pontife la triple majesté des ans, du courage et de la sainteté, sur ceux des saints qui apparaissent à Attila une expression vengeresse et menaçante, et sur ceux du roi barbare un masque de frayeur respectueuse et superstitieuse. Il est non moins admirable dans la Délivrance de saint Pierre où l'ange est si beau, si lumineux que la sombre prison en est éclairée et qu'on en est soi-même tout ébloui.

A trois heures, heure de clôture, nous quittions le Vatican en nous promettant de revenir demain visiter ses autres chefs-d'œuvre, et nous volions vers le Pincio sur les ailes peu rapides des tramways romains. Là, nouvelle extase, nouveau sujet d'admiration : j'avoue que ce climat d'Italie est pour moi une énigme ; malgré les chaleurs de l'été, en octobre les feuilles sont encore vertes et rien n'est joli comme de voir le Pincio, ce Bois de Boulogne de Rome, à quatre heures par un beau ciel. Aujourd'hui le temps était radieux, léger, semblable à ceux dont on jouit en mai : à nos pieds, à gauche, s'étageait le vaste escalier d'Espagne ; au-dessus de la ville que nous dominions, s'élevait une poussière d'or qui voilait à demi les collines lointaines, les clochers et les dômes de la Ville Éternelle ; autour de nous, le long des allées remplies de monde et d'équipages, ce n'était que corbeilles de fleurs, platanes verdoyants, palmiers gigantesques, cactus épineux, arbres de toutes essences, qui nous abritaient sous leurs rameaux épais. L'air était si pur, si bon, si rempli de senteurs délicieuses, le ciel si lumineux, et les bois qui se découpaient au loin sur ce fond bleu si verdoyants que nous ne pouvions nous arracher à ces sensations délicieuses. Nous nous grisions du bonheur de vivre dans cette nature resplendissante, et mille pensées, mille impressions diverses assaillaient notre esprit ravi ! Mais nous voulions cependant visiter le Colisée, et nous arrachant au rêve, il nous fallut, bien à regret, descendre le long escalier d'Espagne.

Oh ! par ce beau soir, contempler longuement ce qui fut l'orgueil des empereurs, le lieu de martyre des saints, le portique du ciel, que c'est donc bon, et comme on voudrait encore et toujours rêver, assis sur une vieille pierre, débris des murs du Colosse, à ce passé qui n'est plus ! Que ne peux-tu, géant séculaire, nous conter tout ce qu'ont entendu et contemplé d'affreux tes vieilles murailles grises ? Ces pauvres enfants jetés aux bêtes en pâture, ces cris d'un peuple en délire mêlés aux hurlements des fauves, les imprécations des gladiateurs mourants, ce silence même plus terrible que les cris pronostic de la mort, et ces voix grandes et saintes qui s'élevaient courageusement en dépit de l'empereur et de la foule pour confesser la foi et dont le long écho répercuté d'âge en âge nous est parvenu malgré l'épaisseur de tes murs ? Tu t'es grisé de sang, colosse sans âme, et maintenant, comme un vieux gladiateur blessé tu reposes dans l'inaction, la ruine, l'impuissance dernière de nuire à qui t'insulte, couvert de sang et de crimes, mais beau jusque dans ta faiblesse, aimé pour ce sang même

qui arrosa ton sol ! On pense ainsi longtemps au
pied de ce colosse de pierres qui vous domine et
vous écrase de tant de siècles vécus ; les souvenirs
se ravivent, les générations antiques défilent devant
vous avec leur gloire et leur misère, leurs empereurs superbes et leurs saints martyrs, et tant de
drames sanglants enfermés dans ces murs chance-
lants ! car, malheureusement, le géant s'abat peu à
peu et bien des pierres ont déjà roulé dans l'arène !
Mais il en reste assez pour qu'on soit frappé de la
splendeur de cet immense édifice : quel spectacle
ce devait être que celui de cette salle gigantesque
où se pressaient plus de quatre-vingt mille specta-
teurs de tout rang, de tout âge, depuis l'empereur,
le sénat et les patriciens qui occupaient le premier
rang de l'amphithéâtre, jusqu'aux femmes et aux
esclaves qui s'accrochaient aux derniers rebords
de cette muraille de 48 mètres de hauteur, sous
l'immense toile de lin qui formait le toit ! Aujour-
d'hui, l'arène est déserte, et, sur les gradins brisés
où furent les Césars, plus personne, que quelque
visiteur curieux qui, comme nous, rêve à ce qui
fut jadis ! !

Rome, vendredi 21 octobre 1892.

Ce matin, malgré la pluie à verse, nous repre-
nions à la hâte la route du Vatican à peine entrevu

hier. Nous avons commencé par les loges de Raphaël
notre longue visite : que ne peut-on là aussi rester
des heures devant ces délicieuses fresques ! celles
qui représentent le Péché originel, la Construction
de l'Arche, le Songe de Jacob, sont autant de merveilles ; dans la rencontre de Jacob et de Rachel
au puits, il y a abondance de détails charmants.
Les deux personnages dont les types sont si gracieux
et si bien dessinés se détachent sur un fond de
paysage qui me semble être un chef-d'œuvre de
fraîcheur et de perspective. Quel dommage que
plusieurs de ces charmants tableaux soient aujour-
d'hui méconnaissables, exposés qu'ils ont été
pendant de longues années à toutes les intempéries
du temps dans cette galerie autrefois ouverte à
tous les vents !

Le Jugement de Salomon est bien conservé ; l'on
s'attend à voir tomber, d'un moment à l'autre, le
sabre levé sur la tête du pauvre enfant et l'on
s'étonne de ne pas entendre le cri perçant de la
véritable mère qui court pour arrêter le bras de
l'exécuteur. Nous sommes montés de là aux galeries de peintures ; ici, parmi tant de tableaux
célèbres je ne parlerai que des chefs-d'œuvre :
les perles de la collection sont : la Communion
de saint Jérôme, du Dominiquin, la Madone, de
Foligno, et la Transfiguration, de Raphaël.

La Communion de saint Jérôme est, je crois, la

plus belle œuvre du Dominiquin ; il y règne comme
une sorte d'extase et de grandeur répandue sur les
traits de tous les assistants : c'est un spectacle si
imposant que celui de ce saint assis sur un grabat
et qui, n'ayant pas la force de se soulever, se fait
soutenir par un de ses disciples pour recevoir son
Sauveur ; sa figure, déjà touchée du doigt de la
mort est pâle, ses yeux vitreux, mais on y voit
luire et se concentrer cependant tout ce qui reste
de vie en son corps et d'amour en son âme ; ses
traits rayonnent comme béatifiés et sa bouche
s'entr'ouvre devant l'hostie blanche que lui présente un prélat. Près de lui se tient un lion superbe,
compagnon de sa solitude, et tout autour de la
couche du saint, ses disciples dans une attitude
pieusement attristée contemplent cette scène
qu'éclaire la pâle lueur des cierges.

Dans le tableau de Raphaël, la Transfiguration,
ce qui frappe tout d'abord c'est Notre Seigneur qui
s'élève, porté sur les nuages, si beau, si resplen-
dissant de rayons qu'au-dessous de lui trois de ses
disciples se prosternent ou se voilent la face de
leurs mains pour échapper à cette splendeur qui
les aveugle ; au bas de la colline, parmi le peuple
règne une grande animation, quelques-uns, trans-
portés d'un saint enthousiasme, montrent du doigt
le Seigneur qui monte dans les airs triomphant,
d'autres détournent la vue de ce spectacle qui les

effraye, d'autres enfin entourent l'enfant possédé qui se tord dans une horrible convulsion et, d'un geste frénétique, désigne le Sauveur glorieux. Il règne dans toute cette composition une animation, une vie, comme un souffle de génie qui fait qu'on ne se lasse pas de le contempler.

Dans les galeries de sculpture, à peine avons-nous eu le temps d'admirer l'Apollon du Belvédère, le Mercure, et de passer au milieu de ces merveilles de l'art antique et moderne amassées par les papes depuis des siècles dans d'innombrables appartements. Nous voulions rentrer de bonne heure afin d'aller à une heure à la Galerie Doria. Nous avons regretté notre empressement, Jean surtout en était navré, car si cette galerie renferme de bonnes toiles elle ne mérite point cependant qu'on lui sacrifie les sculptures du Vatican.

La pluie tombait sans cesse du ciel dans les rues inondées presque désertes, semblant nous défier, mais nous l'avons bravée et avons visité sous ses torrents plusieurs églises, entre autres Santa-Maria in-Cosmedin près du petit temple rond de la Fortune ; Santa-Maria-in-Trastevere qui a de belles mosaïques et renferme de très précieuses reliques; Saint-Pierre-in-Montorio sur le Janicule où fut crucifié saint Pierre ; de ce point la vue s'étend magnifique et grandiose sur tout Rome qui vous apparaît avec ses mille clochers, ses dômes et ses

palais, entourée de petites collines assez basses et
nues, et l'on y peut à merveille faire le plan et
la topographie de la Ville Éternelle. Pour finir.
nous avons visité la petite église Sainte-Cécile avec
son autel de marbre et la belle statue de la sainte
par Maderna, placée sur le tombeau même de sainte
Cécile.

Nous faisons des vœux ce soir pour que demain
le temps, moins morose qu'aujourd'hui, favorise
notre grande excursion à Saint-Paul hors les Murs,
les Catacombes, etc...

Rome, samedi 22 octobre 1892.

Ce matin nous avons commencé la journée en
descendant dans un lieu bien sombre, bien triste
et bien froid : les Prisons Mammertines où plus
d'un grand héros a souffert et gémi, où plus d'un a
repassé pour la dernière fois dans sa mémoire les
faits glorieux ou honteux de sa vie, avant de dire
adieu pour toujours au monde des vivants pour
comparaitre devant Celui qui sait tout... Mais....
que dis-je ! ce n'est déjà plus vivre que d'être
enfermé dans cette prison étroite si profonde, où
ni l'air ni la lumière ne peuvent pénétrer, si gla-
ciale que les membres y sont secoués d'un tremble-
ment dès qu'on y pénètre. C'est à ces murs terribles

que le peuple romain a confié sa vengeance contre
Jugurtha, dans ce sinistre tombeau qu'il enferma
lâchement comme si c'eût été un criminel et non un
courageux guerrier, le grand Vercingétorix, là enfin
que fut chargé de chaînes dont il fut miraculeuse-
ment délivré, saint Pierre, prince des Apôtres ; on
montre aujourd'hui la fontaine qu'il fit jaillir du
rocher et la colonne où il fut attaché, ce lieu est
maintenant recouvert d'une petite église.

Nous avons ensuite gravi le Palatin et pénétré
dans ces immenses ruines des Palais des Césars où
l'on devine encore le luxe de Rome aux vestiges
qu'on en voit : ce sont des mosaïques, des peintures dans les grands bains de Livie, des fragments
de marbre sculpté sur les murs qui en étaient
entièrement recouverts et des pavés tout en marbre
d'un merveilleux dessin. On admire encore, dans
le Palais de Tibère la salle du Sénat et le vaste
Triclinium. Quel raffinement de luxe dans ces salles
où l'on retrouve des conduits spéciaux pour y
répandre à grands flots les parfums les plus divers !
quelle profusion de richesses dans ces matériaux
qu'aujourd'hui on paierait au poids de l'or ! Toutes
ces ruines ont le double charme du souvenir et de
la beauté, car, au milieu de ces murs auxquels on
rattache tant d'histoires lues dans les vieux auteurs
la vue s'étend assez loin et Rome se déroule à vos

pieds dans un cadre charmant ; en face de cette nature resplendissante que de souvenirs on évoque ! Depuis César le conquérant jusqu'à Néron, ce monstre sans entrailles et Constantin, le pieux empereur, toutes ces ombres qui ne sont plus aujourd'hui que poussière défilent devant vous, chacune revêtue du caractère propre que lui a justement décerné l'histoire impartiale.

Au sortir de la visite de ces antiques splendeurs et après avoir vu la prison de saint Pierre, il nous fallait aller au lieu où sont conservées les chaînes dont il fut délivré par l'ange de lumière : à Saint-Pierre in vincoli. Le chef-d'œuvre de l'église et ce qui en mérite la visite c'est le Moïse, de Michel-Ange : le colosse de marbre est assis sur un trône, sa figure est courroucée, ses yeux flamboient, d'une main il tient les Tables de la Loi, de l'autre, un pli de sa longue robe qui retombe sur ses genoux, l'expression de la physionomie est superbe, on y lit la volonté indomptable, la puissance, l'indignation, la colère et l'on croit voir soudain le colosse s'élancer de son siège pour reprocher aux Hébreux leur lâche ingratitude ; un visiteur disait fort justement à côté de nous qu'il y a de tout en lui, du roi, du législateur et du gladiateur. Il est vrai, la tête est un peu petite pour le corps, le buste colossal, mais malgré ces imperfections, il

y a sous ce marbre tant de souffle et de vie, tant
de sublime vigueur qu'on reste subjugué par son
imposante beauté.

L'une des plus belles et des plus riches églises
que jusqu'ici nous ayons visitées c'est Saint-Paul
hors les murs où nous nous sommes rendus dans la
journée ; en entrant par le bas côté du chœur, on
ne voit qu'une forêt de colonnes de marbre sur un
pavé tellement étincelant qu'on dirait une eau
pure et tranquille ; on songe aux palais enchantés
devant cette splendeur, cet albâtre d'orient, ce
porphyre et ce malachite qui couvrent l'église en
entier et la forment : l'œil est ébloui par tant de
rayons réfléchis par ces surfaces brillantes. Le
cloître avec ses colonnades torses semées de pierres
brillantes et sa cour plantée d'orangers et de roses
de Bengale vous fait songer avec infiniment de
charme aux couvents espagnols si souvent peints
par les artistes.

C'est à pied que nous nous sommes ensuite rendus
comme les anciens chrétiens aux catacombes de
Saint-Calixte par cette célèbre voie Appienne semée
de tombeaux et dont l'histoire de Rome fait si
souvent mention. C'est une route pavée entourée
de murs sur une grande partie du parcours, depuis
la porte Saint-Sébastien jusqu'aux Catacombes,
c'est-à-dire pendant l'espace de trois kilomètres.
Arrivés devant la porte où se lit l'inscription :

« Catacombes de Saint-Calixte » nous pénétrons
dans un jardin planté de vignes, d'arbres fruitiers,
de rosiers et d'eucalyptus qui répandent dans tous
les alentours une délicieuse odeur. Un Père
Trappiste français vous reçoit fort aimablement, et
après la distribution à chaque pèlerin d'une petite
bougie allumée on s'enfonce à la file dans les sou-
terrains qui furent la première église et le premier
refuge des chrétiens en même temps que leur
dernier asile. Tout le long des murs, sur trois ou
quatre rangs superposés, sont creusées des excava-
tions où se trouvaient les cadavres des chrétiens
recouverts d'une plaque de marbre portant une
inscription ou plus souvent un symbole, par
exemple une palme ou une petite fiole de sang
pour les martyrs.

Rien d'humble et de touchant comme ces longs
corridors sombres où se passaient jadis ces céré-
monies sublimes qui, aujourd'hui, ont pour scènes
nos immenses cathédrales, mais qui étaient d'autant
plus grandioses et imposantes que le danger était
là menaçant, imminent à toute heure, à toute
minute. A quoi bon décrire encore ces lieux si inté-
ressants, mais si souvent décrits et si connus de
tous ! Je laisse à d'autres ce soin et je garde pour
moi mes heureuses impressions.

De retour sur la terre et à la lumière du jour
nous avons visité à Saint-Sébastien les empreintes

des pieds de Notre-Seigneur sur une pierre, puis les reliques de saint Sébastien, et nous avons repris à pied notre longue route par un superbe coucher de soleil sur la campagne romaine.

Rome, dimanche 23 octobre 1892.

Ce matin nous avons gravi à genoux les vingt-huit marches de la Scala-Santa, l'escalier de Ponce-Pilate, que de nombreux chrétiens montent ainsi chaque jour en méditant ou priant sur chaque marche. Nous avons vu également l'un des plus curieux vestiges du luxe de la société romaine : les Thermes de Caracalla où chaque jour les riches patriciens venaient rendre à leurs membres la souplesse et la vigueur par des bains fort compliqués qui formaient la principale occupation de leur matinée. A l'entrée se trouve d'abord la salle de gymnastique immense, pavée de mosaïques, puis des salles de lecture et de conversation, pour ceux qui attendaient le bain ou ne voulaient pas en prendre ; on pénétrait ensuite dans le *frigidarium*, ou piscine découverte, on passait de là dans le *caldarium*, où la température était plus élevée, puis dans le *tepidarium*, ou étuve brûlante. Après ces opérations successives et ces bains parfumés, on se confiait aux mains des masseurs, puis on allait à ses affaires, ou bien l'on restait à causer, car les Thermes étaient le lieu des potins et des cancans de ce temps-là. Toutes ces salles, à en juger par les débris de marbres, de mosaïques et de sculptures, et par leurs dimensions, devaient être d'un luxe et d'un confort en proportion avec les fortunes de tous ces patriciens et prouvent que sous le rapport du confortable les Romains de ce temps-là n'avaient rien à apprendre et rien à envier aux Italiens modernes.

Rome, lundi 24 octobre 1892.

Ce matin à neuf heures nous nous embarquions pour Tivoli : c'est la plaine, toujours la plaine semée çà et là de ruines, que parcourt le chemin de fer. En approchant, le paysage change d'aspect et devient plus intéressant, le chemin de fer gravit une pente rapide toute couverte d'oliviers au feuillage argenté, c'est comme un flot d'acier qui tremble et s'agite au moindre vent qui passe. Bientôt au-dessous du village et du vieux temple de la Sibylle apparaissent, au milieu de la verdure du ravin étroit et profond, les cascades qui bondissent et tombent avec fracas en jetant au vent qui les irise des flots d'écume blanche. Malheureusement à la descente du chemin de fer le visiteur

est bien vite tiré de sa poétique contemplation :
vingt-cinq importuns vous abordent, vous assaillent, vous harcellent, celui-ci pour une voiture,
celui-là pour vous mener aux cascades, un autre
pour vous conduire à l'hôtel qui le patronne ; c'est
un essaim de guêpes, de taons, de harpies, qui se
précipitent sur vous et vous assourdissent de leurs
cris aigus ; on a beau leur dire zut en toutes les
langues, leur parler espagnol, anglais ou français,
rien ne les déconcerte et ne peut les décider à
lâcher leurs malheureuses proies. Escortés d'une
dizaine d'imbéciles qui parlaient tous à la fois,
nous avons gagné l'hôtel de la Sibylle où nous
avons fort mal déjeuné dans un site charmant
dominant le ravin. Après une scène en règle pour
le prix de cet exécrable repas et malgré les propositions réitérées des guides, nous nous sommes
aventurés seuls dans ces allées ombreuses qui ser-
pentent sur les flancs du coteau. Nous courions
gaiement au milieu des rochers, au bord du précipice, et chaque tournant nous était une surprise
nouvelle. Dans la grotte des Sirènes le torrent
(formé par l'Anio) se précipite follement et disparaît
on ne sait où, sous les rochers entassés où il se
perd en grondant ; un peu plus haut le flot tombe
au contraire des rochers qu'il entr'ouvre sans que
l'on aperçoive d'où il vient : cette masse d'eau
sortant d'un bond furieux de la voûte de cette

grotte sombre pour se perdre sous les rameaux des arbres qui se penchent est d'un effet magique qui nous a longtemps captivés. Le sentier que nous suivions pour remonter se perdait en gracieux lacets passant sous des grottes naturelles formant de longues galeries au bord du ravin ou traversant, sur de légères passerelles, le torrent impétueux. La route nous a paru trop courte et trop court aussi notre séjour au frais Tibur. Le retour s'est effectué en compagnie d'un prince italien avec sa femme une jolie blonde au teint de rose qui devait être anglaise, et savait aussi le français, puisqu'elle lisait un roman en notre douce langue. Le prince était mal et très commun, nous étions tous un peu assoupis, sauf moi qui regardais dormir ma jolie princesse et livrais un combat sans trève à un méchant rayon de soleil qui s'acharnait à venir se jouer sur la figure de la dormeuse : c'est à croire que ce soleil tournait, car sans cesse il revenait, passant indiscrètement par le rideau que je venais d'ouvrir, à moins que lui aussi, comme moi, n'aime la beauté et ne la veuille contempler; enfin ce jour-là j'eus tous les avantages du combat car un beau sourire me remercia de mes louables efforts. Nos compagnons, d'ailleurs, devaient jouir d'une certaine aisance : à Tivoli deux beaux chevaux attelés à un break les avaient amenés à la gare où quatre à cinq domestiques s'empressaient

autour d'eux; puis à Rome un bel attelage bai les
attendait avec un joli coupé que conduisait un
cocher à bottes à revers. Nous voici maintenant
dans tout le feu de notre départ pour Naples et ce
soir, à onze heures, nous quitterons la Ville Eternelle.

Naples, mardi 25 octobre 1892.

Est-ce bien vrai ? Sommes-nous bien ici à
Naples, en Italie, à six heures de Rome ? En vérité
je doute tant ces quelques heures de voyage ont
changé le tableau. Quelle délicieuse ville que
Naples, comme tout s'y allie, la beauté, l'intérêt,
le cachet tout particulier de ville étrangère qui
manque à Rome ! et comme je me sens heureux d'y
vivre !! Rien de curieux comme l'aspect de Naples :
d'abord il y a sa saleté absolument hors de pair; les
pavés sont inégaux et boueux, les rues remplies de
tas d'immondices qui doivent sans doute y rester la
semaine entière; mais il y a tant de mouvement et
de gaieté dans ces rues qu'on oublie leur malpro-
preté ! Chacun y vit à sa guise et y fait tranquillement ses petites affaires; le charron met ses outils
au milieu de la rue et les ménagères lavent en
pleine voie publique leur linge qu'elles étendent

ensuite triomphalement tout le long des murs de
leurs maisons. Puis ce sont les marchands ambulants, marchands de raisins, de figues, de cocos,
de pâtisseries plus ou moins appétissantes, de
marrons, de coquillages, les écrivains publics
entourés de leurs clients, puis les cris et les disputes
de toute cette foule, auxquels se mêlent les petites
exclamations gutturales des cochers pour faire
marcher leurs petits chevaux tout couverts d'un
harnachement à clous dorés et de petites girouettes
en ·cuivre poli surmontant le collier. Tout cela
s'agite, remue, crie, se bouscule, gesticule avec
une exubérance de vie qui fait plaisir à voir;
l'existence entière des Napolitains se passe dehors
à respirer la brise, à s'enivrer de chaleur et de
soleil. Il est si beau leur soleil, si charmant leur
climat ! Les orangers, les palmiers, les mimosas,
les lauriers roses et les fleurs ornent à profusion le
grand Square de la Riviera autour duquel court
une vaste allée pour les cavaliers. Puis derrière
c'est la Méditerranée, l'enchanteresse aux reflets
métalliques qui baigne là-bas l'île dentelée de Capri
et le Vésuve dont le front se couronne de nuages et
de fumée. Dieu que c'est beau ! Quel charme infini
dans cette riche nature où tout s'harmonise pour
former le spectacle le plus idéal que l'homme puisse
contempler : montagnes à l'horizon, mer immense

et bleue devant soi, et tout autour une végétation si luxuriante qu'elle doit être bien près d'égaler celle du Paradis terrestre.

Mardi matin notre promenade au Vomero nous a découvert de nouvelles beautés ou plutôt a augmenté encore en nous l'admiration déjà conçue pour celles que nous avions entrevues ! Du haut de cette petite montagne la mer bleue sous le ciel bleu nous apparaissait dans le cadre merveilleux formé par le Vésuve avec ses maisons blanches et Naples au fond avec sa ceinture verdoyante.

Au coucher du soleil, du Pausilippe où j'errais seul, le spectacle était encore plus beau car, sur le ciel tout rose des clartés fuyantes du couchant, les montagnes se détachaient couvertes d'une teinte d'une douceur exquise, délicieux mélange de bleu rosé et vert ; je prenais plaisir à suivre sur la mer les mouvements lents et cadencés des petits bateaux à la fine voilure blanche qui rentraient au port tandis que les cloches tintaient l'*Ave Maria* sur des tons différents qui s'harmonisaient dans l'air calme du soir. Quelles bonnes pensées et quelles douces envolées de l'âme devant ce spectacle d'une infinie grandeur ! J'ai eu ce soir plus que jamais la preuve de l'indolence et de l'oisiveté du peuple napolitain : à peine le jour est-il fini et même bien avant les dernières clartés, on se réunit sur le port, dans les rues, sur les places, et là on cause, on discute; les hommes groupés çà et là jouent aux boules ou aux palets, d'autres s'installent dans les cafés populaires et y boivent en écoutant quelque musique du cru. A la nuit toutes ces boutiques en plein vent, qu'on trouve à chaque coin de rue, s'éclairent d'une ou deux lanternes et, tout autour, vieilles et jeunes, commèrent ou chantent. Ce qu'il y a de remarquable, c'est que dans la plupart de ces cuisines de bas étage si nombreuses ici, ou de ces cafés d'ordre inférieur, se trouve, à la place d'honneur, sur le mur noirci, une image de la Madone ou du Christ devant laquelle brûle une petite lampe. Curieux mélange de paresse, d'oisiveté, de pieuse superstition, de bonhomie, de gaieté qui font de ce peuple un intéressant objet d'étude et d'observation.

Naples, jeudi 27 octobre 1892.

Notre excursion d'hier nous a été profitable à tous points de vue : nous y avons trouvé à la fois et la beauté du paysage et l'intérêt qu'offrent à l'étranger les mœurs d'un peuple nouveau. Permettez-moi d'abord de vous présenter notre automédon : un horrible petit homme à la figure jaune et grimaçante, à la barbe rare et noire qui lui couvre ses pommettes proéminentes, aux cheveux sales, qui porte un pantalon et une veste déchirés, graisseux, avec un chapeau à l'avenant ; bref, un type de singe fort mal peigné qui répond au nom de Garibaldo ou Caribaldo. Depuis notre arrivée il nous harcelait de ses offres de service et nous ne pouvions sortir de notre hôtel de la Riviera sans qu'aussitôt il traversât la large rue, laissant son cheval à l'ombre des arbres du square pour nous faire ses propositions avec un sourire engageant, découvrant une rangée de dents jaunes d'un aspect tout à fait écœurant. Nous avions fini par céder à sa persévérance, et à huit heures du matin il était là avec son petit cheval bien harnaché, paré d'un harnais à clous d'argent et attelé à une voiture antédiluvienne, sorte de victoria, trop étroite, dont les ressorts plus qu'usés avaient peu d'élasticité pour se prêter aux secousses des pavés disjoints. Nulle part ailleurs je n'ai vu pareilles rues ; non seulement entre chaque dalle se creuse un précipice, mais dans plusieurs endroits la pierre manque complètement et à la place se voit un trou sans fond ; notez que cela est en pleine rue, que le mouvement à Naples est énorme, et vous comprendrez que c'est miracle si plusieurs chevaux chaque jour ne s'y cassent pas les jambes. A travers tout ce brouhaha, notre cocher nous menait à fond de train, sans égard pour les passants qui remplissaient le milieu de la rue. Nous nous enfoncions dans les

faubourgs de Naples, Torrel, Greco, Portici, etc...
dont la physionomie est encore plus curieuse que
l'intérieur de la ville ; là, comme à Naples, courent
le long des rues des trottoirs étroits en partie
occupés par des échoppes, des étalages de fruits,
pâtisseries, légumes, autour desquels se meut un
peuple déguenillé, sale, inoccupé, quoique parais-
sant toujours affairé, s'arrètant pour causer,
fumer ou manger un fruit. Dans la rue ce sont des
tramways bondés qui passent, de grandes voitures
à deux roues couvertes de femmes et d'hommes qui
vont à Naples, des charrettes à bras chargées de
fruits conduites par des marchands qui crient à tue-
tête et font l'article, des fiacres de toutes sortes, etc...
Tout cela se croisant, s'entremèlant, s'arrètant,
repartant sans s'accrocher, en faisant rejaillir sur les
passants la boue noirâtre et liquide. D'ailleurs la
population n'est pas plus propre : les enfants n'ont
souvent pour tout vètement qu'une chemise jadis
blanche, et l'intérieur des trattoria et osteria est
tellement noir, les comptoirs tellement crasseux
qu'on est écœuré d'y voir des gens attablés se
délectant de tous ces mets populaires. Ce qui est
un véritable trait de mœurs prouvant combien peu
on s'occupe ici de maintenir la propreté dans la
ville et d'en écarter les miasmes. c'est que nous
avons croisé en pleine rue une grande charrette où
se trouvaient les cadavres de deux chevaux répan-

dant une horrible odeur, couverts d'une simple
grosse toile sur laquelle était assis sans plus de
façon le conducteur comme si ç'eût été le meilleur
des sièges ! !... Et les pauvres, quelle plaie ! Sur
une petite place d'un faubourg : boîteux, aveugles,
manchots, ont assailli notre voiture oubliant leurs
infirmités pour courir après nous et obtenir des
sous, une véritable cour des miracles. Ce qu'il y a
de plus étonnant c'est que, malgré cette paresse,
cette saleté, cette indolence, les Napolitains ont.
soit piété, soit superstition, le plus grand respect
pour la religion, dans tous les carrefours on voit
des madones, quelques-unes mêmes entourées de
cierges et chacun en passant salue ou même s'arrête
pour prier. Notre cocher n'y manquait pas. En
approchant de Pompeï, les trottoirs sont couverts
de tréteaux supportant de longues pâtes, maca-
roni, etc... dont on fait ici un si grand commerce et
qu'on y met à sécher.

A Pompeï on est encore assailli de guides, de
mendiants , de gêneurs, qui vous aident à descendre de voiture . vous appellent signor , chapeau bas, vous ouvrent les portes et se précipitent
trois à la fois pour vous rapporter un objet oublié
à deux pas de là ; c'est une rivalité de bassesse, de
servilité, de rapacité qui vous dégoûte. A l'hôtel,
même manœuvre : on essaye de vous tirer de
l'argent de toute manière et les guides, obligés par

le règlement à vous conduire gratuitement dans l'intérieur de Pompeï, ne le font que de mauvaise grâce si vous ne leur promettez pas un pourboire suffisant.

Qu'elle est triste cette ville déserte de Pompeï, jadis riche, opulente, luxueuse, aujourd'hui ruinée, solitaire, abandonnée ! Le long des rues encore bien pavées s'élèvent ces rangées de maisons sans toits mais admirablement conservées avec leur impluvium de marbre blanc, leurs pavés de mosaïque, leurs murs couverts de fresques encore intactes. Toutes sont construites sur le même modèle plus ou moins grand, mais généralement, j'ai été surpris de l'exiguité de tous ces appartements que je me représentais vastes et beaux comme ceux de nos hôtels modernes : non, le confort devait être exquis, les mosaïques et les peintures charmantes, mais ce ne sont que des miniatures : on trouve fatalement tout d'abord le vestibulium, puis l'atrium avec son impluvium entouré de chambres étroites où l'on remarque dans le mur une excavation pratiquée pour y placer le lit de sangle durant la journée ; c'est ensuite le perystilium et le triclinium. La disposition est identique dans chaque maison, il n'y a que le luxe et les dimensions qui varient ; on voit encore dans quelques-unes, de charmantes fontaines de marbre blanc représentant des nymphes ou des tritons et

entourées de statuettes de quelques divinités. On
visite le forum, les boutiques des marchands de
vin qui renfermaient leur précieux liquide dans des
vases en terre placés sur le comptoir, les temples
d'Isis et de la Fortune, les Thermes. Aux Thermes,
le plafond existe encore richement décoré de
fresques qui semblent nouvellement peintes : le
callidarium est une preuve que dans notre siècle
de progrès on n'a pas encore inventé grand'chose
qui n'ait été déjà connu de la civilisation romaine :
le mode de chauffage est assez ingénieux ; les
plafonds et les murs de la pièce sont creux, et
entre les deux parois circulait un courant d'air
chaud qui suffisait amplement à chauffer l'étuve.
Certaines fresques sont assez finement dessinées,
elles représentent généralement les dieux de
l'Olympe ou les scènes mythologiques.

Aujourd'hui les lézards ont fait leurs demeures
de ces maisons jadis habitées par de riches patriciens ; plus aucun bruit dans cette ville morte, et
sur ces grandes places désertes que celui de la
pioche des ouvriers qui continuent les fouilles au
milieu des cendres amoncelées. Les rues sont trop
étroites pour être belles, et au milieu se voient de
larges pierres destinées à faciliter le passage des
piétons d'un trottoir à l'autre par le mauvais
temps, ce qui forçait toujours à atteler à deux chevaux pour éviter ces gros pavés.

Au musée sont des squelettes moulés de Pompéïens surpris par la mort dans toutes les positions, images funèbres et effrayantes avec leurs membres tordus et crispés ; on y voit encore des cadavres d'animaux, des rats, des chiens, puis des ustensiles de cuisine, des pains carbonisés, des lampes, des fruits desséchés, etc....

Au sortir de cette lugubre et intéressante excursion, quittant sans regret l'hôtel Diomède, où l'on nous avait volés comme partout, nous avons pris notre vol vers le Vésuve au moyen de notre patache toujours conduite à grandes guides par notre singe plus sale et plus grimaçant que jamais. Au bourg des Trois-Maisons (trois fois enseveli sous la lave et reconstruit depuis l'éruption de 1872), on nous arrête à une auberge où déjà, sous prétexte que c'est l'habitude de faire boire les guides ici, les verres sont remplis d'un vin blanc très doux qu'on baptise Lacryma Christi ; l'exploitation des étrangers se fait ici sur une si grande échelle que rien ne peut vous étonner, même pas d'avoir à payer du vin que vous n'avez pas demandé.

Vu le prix exorbitant de l'excursion qui montait à 11 fr. par tête, au lieu de 7 comme on nous l'avait dit, pour le cheval, le guide et de prétendus frais de passage qui n'existent pas, j'avais renoncé à prendre un cheval, préférant monter sur mes jambes une partie de la route. Jean qui était juché sur un cheval d'au moins vingt-cinq ans, digne de celui de l'Apocalypse, me quitte donc, escorté d'un guide, et je le suis, de loin, flanqué d'un gamin qu'on m'avait imposé pour me montrer la route sans même que j'en eusse fait la demande. On suit d'abord un charmant petit chemin tout ombragé par les pampres encore verts des vignes qui produisent le Lacryma Christi : devant vous s'élève le Vésuve noir et sombre, portant sur son front de gros nuages pleins de pluie, puis bientôt on arrive à un cabaret où votre guide vous engage fortement à vous arrêter : c'est l'habitude. Le mien, un petit Napolitain fort éveillé qui marchait pieds nus sur les cendres et les laves comme si c'eût été le sable de la mer, ne manque pas de me faire la même proposition. Mais je commence à connaitre toutes les ruses de ces bons Italiens pour (pardon de l'expression) mettre dedans l'étranger. Jugeant donc absolument inutile le concours de mon jeune guide qui sans doute me réclamerait dix francs au bas de la montagne pour son aide que je n'avais même pas sollicitée, je veux le renvoyer :

« Tiens, lui dis-je en lui tendant vingt sous, je « te remercie, tu peux maintenant redescendre, je « trouverai ma route. »

Mais le gamin met sa main dans sa poche en refusant ma pièce.

« Allons, prends-la donc » et de force, je la mets
entre ses doigts.

— « Mais non, Monsieur, impossible, vous vous
perdrez.

— « Prends la pièce et va t'en.

— « Non, Monsieur, on m'a dit de vous accompagner.

— « C'est inutile, te dis-je, et tu n'auras pas un
sou de plus pour m'accompagner plus longtemps. »

Plus je parlais, plus le petit résistait, menaces,
ordres... j'ai tout employé sans pouvoir faire
démordre de sa résolution l'entêté gamin qui s'est
attaché à mes pas comme mon ombre après
m'avoir rendu ma pièce de vingt sous. Fort humi-
lié de ma défaite j'ai donc repris le chemin qui
monte au Vésuve, avec mon inséparable compagnon qui sifflotait entre ses dents Funiculi, Funicula, de l'air le plus joyeux du monde.

Peu à peu, à mesure qu'on s'élève, la montagne se
pèle, la végétation se fait rare, on marche sur une
épaisse couche de cendres noirâtres qui cède sous
les pieds et fatigue beaucoup ; puis ça et là ce sont
de grandes coulées de laves où poussent difficilement quelques figuiers sauvages rabougris, et au
bout d'une heure et demie de montée j'étais tout
près de l'endroit où l'on est obligé de laisser les
chevaux pour finir l'ascension à pied. Il faisait

froid et les nuages cachaient au-dessous de moi la mer et la vallée. Voyant que je retarderais Jean si je montais plushaut, et que la vue du sommet serait plus que bornée, j'ai pris le parti de redescendre tout doucement en m'asseyant çà et là aux plus jolis passages où j'écris : « Assis sur un morceau de lave noirâtre, je domine l'admirable spectacle qui se déroule à mes pieds : c'est d'abord au premier plan la montagne nue, désolée, couverte de cendres et de scories qui ne produisent que quelques herbes desséchées, plus bas les vignes l'entourent d'une ceinture verdoyante, et, comme pour faire ressortir encore davantage le sombre aspect du Vésuve, la plaine est riante et fraîche, parsemée des maisons blanches et des toits brillants de Torrel-Greco, des Trois-Maisons, de Portici et de Resina ; puis, là-bas, accrochées au flanc de la montagne couverte de verdure, comme un nid de colombes sur un cyprès, Castellamare et Sorrente se mirent dans la mer étincelante qui, à peine voilée d'un brouillard bleuâtre, semble un œil bleu où court une larme. » C'est dans cette extase ininterrompue et comme en un rêve que je suis arrivé dans le bourg des Trois Maisons où Jean n'a pas tardé à me rejoindre, n'ayant pas trouvé le cratère aussi curieux qu'il le pensait, ce qui m'a enlevé tout regret de ne l'avoir pas accom-

7

pagné. Pendant que nous buvions une dernière rasade, quelques musiciens ambulants sont venus nous régaler d'une petite sérénade et tandis que nous montions en voiture la moitié de la population du bourg, femmes et enfants nous entouraient, demandant des sous ou nous souhaitant un cordial bonsoir. Le retour en voiture était féerique, c'était le spectacle toujours sublime du soleil se couchant dans sa gloire, entouré de rayons d'or sur l'immensité bleue. Nous nous taisions et peu à peu la nuit succédait au jour : nous arrivâmes vers sept heures et quart à l'hôtel par une nuit pure, calme et lumineuse.

Pour occuper notre soirée nous avons été écouter dans un café des chansons françaises, car ici, presque tous ces chanteurs sont français et exécutent dans notre langue des chansonnettes que le public applaudit frénétiquement comme s'il comprenait. A vrai dire, une grande partie entend le français, car comme nous le disait notre guide de Pompéï, c'est la langue universelle. Ici les magasins portent deux enseignes, l'une en italien, l'autre en français, et si vous prenez un prospectus, vous voyez les deux langues accolées à l'exclusion de toute autre sauf l'anglais qu'on parle aussi beaucoup. Cela fait un véritable plaisir de voir connue de tous la belle langue de son pays, de la chère France qu'on ne peut oublier.

Ce matin le temps est radieux et la chaleur telle qu'une heure de marche dans les rues m'a fatigué et fort échauffé, on se croirait au cœur de l'été. Nous projetons tantôt sous ces favorables auspices la visite de Pouzzoles et Baïa.

27 au soir.

Nous voici revenus de cette promenade au milieu de l'Eden qui a été un véritable enchantement. Nous voulions d'abord prendre le tramway de Pouzzoles, mais au sortir de l'hôtel sept ou huit cochers nous assaillent et nous poursuivent et, voyant que nous ne voulions rien entendre, baissent leur prix de douze à sept francs. Enfin nous nous décidons à prendre le plus accommodant un ami de Garibaldo moins laid, mais aussi canaille que son ami. Il nous mène d'abord par le long tunnel qui passe sous le Pausilippe à la fameuse Grotte du Chien où l'acide carbonique est tellement épais que l'on ne peut s'y tenir que quelques secondes : la couche d'acide de cinquante ou soixante centimètres à l'entrée, monte de plus en plus, et à deux mètres de l'entrée de la grotte, elle vous enveloppe la figure : on a constaté qu'un chien n'y pouvait pas vivre cinq minutes, et celui qui sert chaque jour à faire l'expérience devant

les étrangers revient au bout d'une minute en aspi-
rant l'air qui déjà commençait à lui manquer. A
côté de la Grotte du Chien se trouve une autre
Grotte où s'élève à quarante ou cinquante centimètres du sol une couche de gaz ammoniaque, de
sorte que l'on sent aux pieds et aux jambes une
grande chaleur tandis que tout le reste du corps
demeure à la température normale.

Un peu plus loin, sur l'ancien emplacement du
palais de Néron, se trouvent des grottes tellement
chaudes qu'au bout d'une minute la sueur nous
perlait au front. Deux enfants demi-nus partent en
courant et reviennent avec un œuf cuit dans de
l'eau bouillante puisée dans la mer, eux-mêmes
sont haletants et couverts de sueur pour avoir
seulement passé de quatre à cinq minutes,
dans cette atmosphère étouffante. Cette chaleur vient d'un feu souterrain qui se ramifie
sans doute avec le foyer central du Vésuve. Ces
visites sont intéressantes à faire, mais les rapports
qu'on a forcément avec les hommes, guides et
gardiens qui vous volent, gâtent une partie du
plaisir qu'on y trouve : nous avons eu à Baïa une
discussion terrible avec un guide qui, pour nous
avoir, pendant trois quarts d'heure, montré des
ruines peu curieuses et fait assister à la Tarentelle
dans le temple de Diane, nous réclamait trois
francs.

Ce qui nous a ravis , c'est Bagnoli , Pouzzoles, l'île de Nisida avec son rocher qui doit
ressembler à celui de Monaco, le sombre Averne,
chanté par Virgile et Baïa cette Capoue des anciens !
Mon Dieu ! que dire, que faire devant tant de magnificences étalées sous nos yeux ! Quelle palette merveilleuse aviez-vous donc pour orner ainsi la nature
de ces mille couleurs indéfinissables ! Que devenir,
moi, faible créature, devant ce spectacle, comment
décrire cette mer immense au milieu de ces montagnes superbes, et le charme de ce flot bleu succé-
dant au flot qui vient amoureusement embrasser
le sable d'or et y meurt en chantant ! Pourquoi
sont-elles si belles ces montagnes prochaines ,
écrin sans pareil d'un bijou sans prix, Capri si
pittoresque au sein de la vague murmurante, Nisida
si fraîche et Misène si hardi d'avancer sa tête grise
dans ce lac d'azur et de feu ? Comment, Seigneur,
donnez-vous au couchant cet éclat de flamme et de
pourpre, d'or rougi et de rose doré qui embrase la
mer d'une lueur si douce et si belle dans une indicible harmonie ? Oh ! non, devant ce spectacle il
faut contempler et se taire, c'est le seul hommage
dont il soit digne, le seul surtout que nous soyons
capables de lui rendre. Ainsi s'est effectué le retour
dans une admiration silencieuse et respectueuse de
cette douce nature trop grande et trop belle pour

qu'on essaye de donner une ombre de ce qui est le reflet de Dieu.

Naples, vendredi 28 octobre 1892.

Ce matin encore, le ciel nous favorisait, car le soleil plus éclatant que jamais dans le ciel pur nous promettait une charmante traversée. Nous avons gagné à pied, sous les ombrages du square de la Riviera notre navire qui, à trente mètres du bord, se balançait , chargé de monde, sur le flot tranquille. De Naples à Capri , la route s'est en effet délicieusement accomplie par une brise fraîche, qui bien doucement caressait nos visages . Au bout d'une heure apparaît Sorrente fièrement campée sur un rocher à pic couvert d'oliviers, et plus loin c'est la falaise élevée découpée de Capri, et la grotte d'azur. Là, le bateau fait halte, et, deux par deux, on monte dans une petite barque qui vous amène bientôt devant une étroite ouverture si basse que, lorsque la vague monte la proue touche la voûte ; couchés dans la barque nous attendons l'instant favorable où la lame, se creusant, permet de passer : mais où sommes-nous ? Quel est ce flot si bleu que rien de connu ne peut lui être comparé si ce n'est l'azur pâli au couchant du soleil, si clair qu'on en voit le fond, si argenté que la rame paraît d'argent, si lumineux que la voûte et les murs semblent de la même couleur que l'eau elle-même ? Jamais je n'avais vu pareil prodige : l'onde est d'un bleu d'argent satiné, transparent comme ces cristaux bleuis, ces verres si fins que nous avons admirés à Venise ; on ne sait si c'est un coin du ciel tombé par hasard sur la terre avec un rayon de soleil, ou un flot lumineux de saphirs liquéfiés.

D'ailleurs la mer sur toutes les côtes m'a stupéfié : jamais je n'aurais cru l'eau de ce bleu si intense qu'on dirait, pour prendre une comparaison vulgaire, de l'eau toute préparée où l'on a mis du bleu pour le linge. Cette teinte délicieuse varie selon le jour, a des reflets sombres ou clairs, et s'argente d'écume à chaque vague qui se brise. Au sein de ces flots s'élève Capri : un bloc de rochers à pic planté d'oliviers au milieu duquel surgit entre deux sommets un village tout blanc enfoui à mi-côte parmi les orangers, les palmiers et les lauriers roses. Nous avons déjeuné au bord de la mer sur une terrasse dominant la vue, et gravi péniblement ensuite la route qui conduit par des lacets au village même de Capri, charmant et pittoresque par sa position, ses petites rues tortueuses et sa végétation luxuriante. On aimerait y vivre quelques jours de calme et tranquille bonheur dans ce berceau de fleurs que caressent les flots cadencés. A deux heures le bateau repartait pour Naples en

passant par Sorrente où Jean m'a quitté pour y
coucher et voir demain Castellamare. Le retour a
été de tout le voyage l'instant le plus délicieux :
sur le pont deux Napolitains, accompagnés de la
mandoline et de la guitare, murmuraient l'Addio
Capri tandis qu'accoudé sur le bord du bateau, les
yeux perdus tantôt dans ce flot d'azur tantôt dans
la voûte du ciel, je me laissais bercer sans pensées,
ou plutôt l'esprit plein d'idées qui passaient en
quelque sorte sans que je les perçoive complètement : c'était cette délicieuse et vague rêverie qui
fait que tout est comme si ce n'était pas, que le
temps marche sans que l'on s'en doute et comme
insensiblement. Machinalement je suivais du regard
ces petites vagues courtes et fréquentes qui s'agi-
taient, s'éloignaient..., s'éloignaient..., puis dispa-
raissaient dans le lointain uniforme, et je me
prenais à songer qu'ainsi va notre destinée : que
sommes-nous au milieu de l'océan de l'humanité
si ce n'est une petite vague qui va son chemin, se
heurtant, se brisant à chaque homme pour sé
perdre aussi dans la foule ? Quelques-uns de nous,
se distinguent et s'élèvent quelques instants comme
ces vagues plus fortes qui jaillissent et déferlent
blanches d'écume au-dessus du niveau des flots ;
mais la fin pour eux aussi est la même : ils passent,
disparaissent et l'oubli vient bien vite. Le souvenir
est si court, et l'oubli si rapide !... Oh ! les pré-

cieux instants où toute ma vie se concentrait en
mon cœur ému, où tout ce qui est grand et vrai
surgissait devant mes yeux pleins de larmes à
l'appel de la grandiose nature ! Trop faible pour
ce bonheur, trop petit pour cette admiration
passionnée qui douloureusement courbait mon
âme, je réunissais en ma pensée le souvenir de
tous ceux que j'aime pour être plusieurs âmes à
contempler ces infinies beautés, à partager ces
uniques jouissances. Le spectacle s'embellissait
encore avec les dernières lueurs du jour, les teintes
offraient plus de contrastes et de douceur, le calme
avec la nuit se faisait plus complet ; au-dessus de
moi c'était le ciel pur sans un seul nuage, puis
tout autour du soleil la nuance s'adoucit et devient
bleu pâle en reflétant les derniers rayons de l'astre
qui disparaît, tandis qu'au dessous de lui court
une grande bande d'or et de pourpre de sorte que
la mer bleue qui la joint à l'horizon semble se
perdre là-bas dans une mer de flammes : çà et là
les montagnes empruntant à quelque degré cet
éclat du couchant se voilent d'une teinte rose con-
trastant avec la couleur foncée des montagnes de
l'est derrière lesquelles s'amoncellent de gros
nuages noirs moirés de blanc. Puis, peu à peu,
sans rien perdre de son charme, comme un chant
qui s'éloigne, tout s'efface : le ciel n'a plus qu'une
lueur, le soleil qu'un rayon , évanouies les teintes

d'or et de rose, effacé l'horizon flamboyant, finie
la douce rêverie, car voici le soir et Naples est
tout proche ! Adieu, beau jour heureux, je me tais
et me souviens !

Gênes, lundi 31 octobre 1892.

Samedi matin, profitant de ma solitude, j'errai
dans les rues de Naples où l'on fait plus de chemin
qu'on ne le croit, occupé qu'on est de l'animation
et du mouvement qui règnent autour de vous. Je
gagnai ainsi par des rues encore inconnues de moi
la cathédrale qui est assez belle : j'y ai visité une
certaine chapelle où il m'a fallu donner cinquante
centimes à un brave ecclésiastique pour une vilaine
brochure dont il était l'auteur et que je n'ai même
pas lue, et essuyer ensuite la colère du sacris-
tain qui réclamait un pourboire pour le simple
plaisir que je devais éprouver à voir sa face
rubiconde.

A midi, Jean me rejoignait fort content de son
séjour à Sorrente ; il avait, paraît-il, une chambre
avec balcon surplombant la mer et dominant une
vue splendide. Nous ne savions point encore si
nous partions à deux heures et demie ou à dix
heures du soir ; enfin après de longues discussions
nous nous décidons pour deux heures et demie : le

temps pressait . la note est demandée, les comptes
réglés après quelques rabais, les paquets bâclés
en un tour de main et Garibaldo est là qui nous
attend. Mais la gare est fort éloignée et malgré
mes observations Jean s'obstinait à vouloir passer
par la poste; mille obstacles, voitures, bêtes ou
gens, barraient le passage à chaque instant et
venaient augmenter notre impatience qui se répan-
dait en véhémentes interpellations contre notre
cocher. Enfin... nous arrivons, mais, hélas ! pour
voir le train filer tout doucement vers l'endroit de
notre destination. Tout penauds de notre mésa-
venture, furieux tous deux, moi contre Jean, Jean
contre tout le monde, nous avons erré dans la
ville et la gaieté de la rue de Tolède nous a vite
rendu notre belle humeur. Elle est si pleine d'animation cette large rue où l'on peut flâner à son
aise devant les magasins dont quelques-uns fort
bien montés, ou bien encore sous la vaste galerie
Victor-Emmanuel qui se trouve à l'extrémité de la
rue. Depuis vendredi à chaque coin de rues se
voient des brassées de fleurs et des monceaux de
couronnes, chrysanthèmes de toutes couleurs,
roses fraîchement coupées, feuillages, œillets, qui
orneront le 2 novembre les tombes des chers
morts.

Ennuyés de retourner à notre hôtel nous avons
été essayer la cuisine de l'hôtel Métropole situé sur

le bord même de la mer. Il n'y avait pas foule, nous n'étions que trois à dîner et, après le repas, tandis que Jean écrivait dans le salon, assis sur le balcon je contemplais une dernière fois le cœur plein de regrets la belle Méditerranée. Dans quelques instants je n'aurai plus de Naples qu'un souvenir, et qui sait, hélas ! le jour du retour ? Peut-être ne viendra-t-il jamais ; mais, toujours, malgré la longue absence, je garderai cachée au plus profond du cœur la souvenance attendrie de cette ville où je fus heureux.

Une dernière fois encore nous avons dégusté les glaces exquises fabriquées à Naples, puis à dix heures et demie nous partions dans un wagon où nous avions la chance de n'être que trois. Rome nous apparaissait à six heures sortant à peine des brumes matinales chassées par un brillant soleil Après avoir été à la messe de six heures et demie à Sainte-Marie-des-Anges et pris au buffet un mauvais chocolat à l'eau que ces voleurs d'Italiens ont eu l'audace de nous faire payer deux francs, nous filons sur Pise. De Rome à Civita-Vecchia la route est assez jolie, elle longe sans discontinuer un rivage plat et inculte que vient baigner la mer à quarante mètres de la voie. Jusqu'à Pise, au contraire, le pays n'offre aucun intérêt : c'est une suite de plaines et de prairies marécageuses que coupent de temps à autre quelques bois, et qu'égayent par instants de courtes échappées sur la mer. A Orbetello à peine a-t-on le temps de faire un déjeuner sommaire. Nous voici à Pise, malheureusement le temps et l'argent nous manquent pour y faire le séjour projeté, nous ne pouvons que saluer au passage le Dôme et la fameuse Tour Penchée.

Le train nous emmène maintenant à toute vapeur à travers de charmantes montagnes toutes couvertes d'oliviers et que dominent les pics décharnés et nus des monts d'où l'on extrait le marbre de Carrare. Il est curieux de voir le feuillage d'un jaune roux des chênes et des autres arbres au milieu de cette masse uniforme de vert argenté que forment les oliviers. En arrivant à la Spezzia la vue est superbe sur la ville et le golfe profond encaissé entre les montagnes. A partir d'ici jusqu'à Gênes, c'est un long enchantement, d'autant plus complet et délicieux que l'œil n'a pas le temps de se rassasier de cette beauté entrevue qui conserve tout le charme de l'inconnu et excite en nous un plus violent désir de la contempler, tant il est vrai qu'on ne souhaite jamais plus une chose que quand elle vous a déjà échappé. Au sortir des tunnels par trop nombreux qu'on maudit, le train débouche en plein sur de petites baies entourées de rochers où la mer se précipite en mugissant et

en faisant rejaillir bien haut son écume blanche
comme si elle voulait escalader le rempart que
l'homme insolent lui oppose, et recouvrir la voie
qui la domine. On est comme ébloui, en sortant
des ténèbres, de voir cette immensité sans bornes
qui rayonne et s'agite…, mais le plaisir est de
courte durée et bientôt revient la nuit. Aux
approches de Gênes les montagnes et les rochers
s'harmonisent encore mieux avec la mer, ils viennent baigner dans le flot les rameaux des oliviers
des orangers, des citronniers et des eucalyptus, qui
recouvrent leurs flancs. La lune s'était levée, mais
ne pouvant parvenir à se faire jour au milieu des
nuages noirs et opaques qui jetaient sur le ciel un
voile sombre, elle argentait leurs bords et, discrè-
tement, glissait entre eux quelques rayons qui
faisaient briller dans l'obscurité les petites vagues
frémissantes comme les feux des diamants sous un
capuchon noir.

Nous sommes ici à l'hôtel de France, assez laid
surtout, d'une propreté équivoque. Ce matin nous
avons visité Gênes qui, après Naples, nous semble
tout à fait morne : elle a des palais mais tristes ou
mal habités ; des rues bien percées désertes auprès
de la rue de Tolède. Le temps contribue d'ailleurs
à notre désenchantement, il est sombre et ne verse
qu'un jour gris et terne sur la ville et dans nos

esprits. Nous voyons pour la première fois des feuilles mortes roulées par un vent assez fort, et cette vue nous attriste en nous faisant pressentir que la frontière de l'Eden est proche. Déjà partir ! déjà quitter cette belle et chère Italie où nous avons tant admiré ! tant joui ! à laquelle nous devons tant de sensations délicieuses, tant de pur bonheur éprouvé devant les merveilles de l'art et de la nature qui sont prodiguées sur cette terre privilégiée.

Nous lui faisons un triste, bien triste adieu, à peine compensé par le plaisir de revoir la chère France et de quitter ce vilain peuple Italien qui fait tache en un pays semblable. Ce sont d'heureux jours finis, d'heureuses heures à jamais écoulées, mais le souvenir nous en est si doux que nous ne regrettons rien si ce n'est que le rêve ne puisse plus longtemps continuer. Notre départ fixé d'abord à midi est retardé par un contre-temps, on ne nous avait pas prévenu qu'il faut aller prendre le chemin de fer à Sestri et partir par conséquent beaucoup plus tôt à cause de la démolition d'un pont qui depuis quinze jours interrompt toute communication sur la ligne entre Gênes et Sestri. Nous partirons donc ce soir seulement à six heures pour aller tenter la veine à Monte-Carlo.

Longes, vendredi 4 novembre 1892.

Ah ! elle a été jolie la veine, c'est bien la peine
d'en parler. Elle a commencé à nous faire éprouver
sa belle humeur à Gênes où elle nous a fait prendre
à cinq heures un tramway qui s'arrêtait toutes les
cinq minutes et qu'on a eu l'audace de nous faire
payer alors qu'on aurait dû nous dédommager de
cet ennuyeux moyen de locomotion : est-ce notre
faute à nous si leurs ponts craquent et s'envolent au
vent comme un fétu de paille ! Bref au bout de trois
quarts d'heure de route par un froid noir, un vent
déchaîné, et une nuit où l'on ne se voyait pas à
deux pas, nous avons gagné le chemin de fer de
Sestri. En wagon nous avons commencé un repas
sommaire composé d'œufs durs et de sandwiches.
La nature nous a un peu consolés de nos déboires :
il y avait au loin de superbes éclairs qui illumi-
naient à giorno les vagues déferlantes et affolées
venant se briser avec fureur sur la jetée. Notre
grande rage a commencé à Vintimille où nous
n'avions qu'un petit retard d'une heure ; il était
minuit et demi, et nous devions y être à onze
heures et demie de sorte que le train du Paris-Lyon-
Méditerranée avait filé sans plus nous attendre,
nouvelle qu'on est venu tout doucement et tout

poliment nous annoncer à la sortie des wagons, comme la chose la plus naturelle du monde, en nous priant de coucher à Vintimille. Vous pouvez juger de notre fureur ! Jean saute sur un employé qui le renvoie au chef de gare sur lequel nous nous précipitons comme deux furieux en gesticulant et en agonisant de sottises le train, la Compagnie, et en réclamant des indemnités. Tous les autres imbéciles au lieu de réclamer comme nous, se laissaient faire et allaient se coucher en silence comme des enfants bien sages que leur bonne emmène par la main : Jean et moi toujours grommelant et forts de notre bon droit avons gagné l'hôtel le plus proche où nous nous mettions dans nos lits vers une heure du matin en maudissant encore les Italiens et méditant des projets de vengeance.

A six heures nous étions sur pied et avant de partir nous réclamions encore auprès du chef de gare qui, fort poliment, nous a dit qu'il nous plaignait de cet ennui très réel mais qu'il devait se borner à ce rôle platonique, la Compagnie Paris-Lyon-Méditerranée ayant décidé qu'elle n'attendrait que vingt-cinq minutes, et la Compagnie Italienne ne garantissant pas les retards. Jolies compagnies et conventions fort intelligentes que celles-là ! Enfin à huit heures nous étions à Monaco à l'hôtel de la Condamine, et à huit heures et demie à la messe car c'était la Toussaint. Les nuages étaient

gris, le ciel bas et la pluie tombait à chaque
instant. Est-ce le temps morose, est-ce avoir vu
dans mes rêves Monte-Carlo si beau, toujours est-
il que j'ai éprouvé une véritable désillusion : la
baie est moins large que je ne pensais, le rocher de
Monaco moins élevé et moins pittoresque que je ne
me le figurais, bref tout en trouvant le site assez joli,
je ne me suis point senti plein d'enthousiasme pour
cet endroit si réputé pour sa beauté. Je persiste à
en accuser le temps, c'est sans doute le seul cou-
pable.

Au sortir d'un assez médiocre déjeuner nous
nous sommes immédiatement précipités vers le
Casino qui déjà regorgeait de monde quoiqu'il ne
fût que midi et qu'il ne fût ouvert que depuis une
heure.

Après l'interrogatoire d'usage pour la délivrance
des cartes, nous avons pénétré dans les salles
superbes de proportions et merveilleusement amé-
nagées; mais ce qui d'abord a fixé notre attention
c'est l'aspect des tables. Une grappe de têtes
humaines sont penchées sur ce tapis vert qu'elles
ne quittent pas des yeux : des hommes de toutes
classes, des rastaquouères, des femmes de toutes
conditions, des vieillards, qui agiotent, placent de
l'argent, en ramassent et calculent, le crayon à la
main, sans avoir le temps de dire une seule parole;
toute leur vie est là attachée à cette roulette qui

tourne décidant du sort de leur fortune, et parfois aussi. hélas ! du leur ! Puis, c'est dans cette grande salle surchauffée, un murmure assourdi de voix au milieu duquel s'élèvent *seuls* le timbre plus vibrant de la voix du croupier, le bruit de la bille qui tourne autour de la roulette, et le tintement de l'or qu'on amasse. La physionomie de cette salle est curieuse et intéressante à observer : deux ou trois rangées de femmes et d'hommes debout derrière les chaises jouent eux-mêmes ou suivent les péripéties du jeu ; plusieurs, dont la mise est pauvre et dont la tournure ne dénote pas une position bien élevée dans la hiérarchie sociale, vous sortent de leurs poches des billets et des rouleaux d'or qu'ils risquent sans sourciller. Il y avait entre autres une horrible vieille femme qui remplissait sa sacoche de billets de 500 et de 1.000 francs et jouait à chaque coup 20 ou 30 louis. Que d'émotions, que d'angoisses dans les cœurs de tous ces hommes dont la vie ou l'honneur se joue sur cette aveugle roulette !

Jean et moi vite au courant du jeu y avons pris part : Jean s'est installé à la table la plus proche de l'entrée ; moi j'allais de table en table pour voir le jeu et la physionomie des joueurs. En trois coups j'avais perdu 15 francs et je ne disposais plus que d'une modeste pièce de 10 francs. Je risquai de nouveau cent sous et regagnais mes

15 francs que je reperdis avec la même facilité plus 5 francs. Pour fuir la tentation, faire changer la veine et surtout quitter cette salle étouffante, je sortis quelques heures et, quand je revins, Jean était toujours à sa place ayant gagné 100 francs, puis après beaucoup d'alternatives de gains et de pertes, ayant reperdu presque tout. Sur son conseil et malgré de funestes pressentiments je lançai mes derniers cent sous que je perdis naturellement sur la noire. Nous sommes sortis alors n'ayant plus que ce parti à prendre : Jean furieux, comme il le disait, d'avoir été assez bête pour continuer malgré la déveine, arpentait notre chambre d'hôtel tandis que je riais à en mourir de sa colère et de notre position ; il avait encore 5 francs, il me restait.... 1 fr. 50 ; comptez là-dessus les pourboires à donner à l'hôtel et des timbres à acheter ! ! Cette petite aventure mettait au moins une pointe d'imprévu et d'originalité dans notre voyage ; je continuais à en rire à la grande impatience de Jean qui finit par aller chez un bijoutier pour engager des boutons de manchettes ; mais ce fut bien autre chose à son retour ! « Avait-on jamais vu un tas d'idiots semblables qui ne veulent même pas vous prendre pour 20 francs des bijoux qui en valent 50 ! quels mollusques ! Et toi, grand serin, de quoi ris-tu, pourquoi ris-tu ?... »... Mon hilarité redoublait et Jean prit vite le parti de s'y joindre, de sorte que

notre soirée s'acheva fort gaiement dans notre chambre où, après le dîner, nous étions remontés écrire des lettres.

Le lendemain, par une pluie battante et après avoir distribué des pourboires en rapport avec notre bourse, nous partions pour Nice que nous avons visitée en deux heures. C'est une ville très élégante, un Paris en miniature, mais par ce temps horrible nous n'avons pas pu goûter tous ses charmes. Grâce à nos coupons nous pouvions encore nous procurer des vivres et nous avons même fort bien déjeuné à l'hôtel, puis nous avons gagné la gare où Jean a eu la générosité d'ébrécher sa pièce de quarante sous pour me payer un paquet de cigarettes, attention qui m'a beaucoup touché parce que j'avais le plus vif désir d'oublier, en m'enivrant de fumée, notre triste position. Le parcours jusqu'à Marseille est charmant ; à Cannes le soleil qui se levait (très tard car il était deux heures), nous a donné de la ville un aperçu qui nous a enchantés et nous a fait regretter de n'avoir pas un ciel plus favorable et une bourse mieux garnie. Les montagnes environnantes boisées, couvertes de pins, d'oliviers et de jardins plantés de palmiers, font de ce lieu un site merveilleux.

A Toulon le soleil se couchait dans toute sa gloire inondant de rayons la mer redevenue calme et bleue.

A Marseille, Jean me quittait filant à six heures et demie sur Paris. Malheureusement ses coupons n'étaient point admis au buffet et pour qu'il dînât je partageai avec lui le franc qui me restait, puis lui faisant un cordial adieu je partis à la recherche de l'hôtel Beauveau.

Les Marseillais sont forts aimables, je me plais à le constater, mais il n'y a rien d'exagéré sur leur réputation quant à l'enthousiaste admiration qu'ils professent pour leur Cannebière. L'un d'eux auquel je m'adressai pour savoir quelle route prendre, me dit : « Ah ! la rue Beauveau, eh bien, c'est tout près de la Cannebière..... » silence..... « Vous ne connaissez pas la Cannebière ? Non ? Oh ! bien, allez tout droit devant vous et vous verrez bientôt quelque chose de grand, de splendide, c'est la Cannebière, la rue Beauveau est tout près. » J'ai été tout droit et j'ai trouvé leur Cannebière, assez belle rue fort large, éclairée à la lumière électrique et bordée de quelques beaux magasins, la vue en jour y doit être fort jolie sur la mer.

Je me trouvai sur le pavé de Marseille avec 10 sous dans ma poche, ce n'est pas avec une pareille somme que l'on peut faire des folies : impossible d'entrer dans un café ou au théâtre, il ne me restait qu'à errer dans les rues environnant la Cannebière, car les autres sont noires et désertes. Je cherchais en tout et partout le meilleur marché, jusque dans les water-closets qui abondent dans cette bonne ville. Enfin vers dix heures, ennuyé de Marseille et de ma solitude, je pris le chemin de la gare et dormis fort bien jusqu'à Lyon où je dépensai en petits pains mes derniers sous.

A Mâcon mes coupons m'ont encore une fois sauvé la vie en me permettant de déjeuner et de me procurer de l'argent pour aller jusqu'à Vonnas où je suis arrivé par un assez vilain temps ; on n'avait pas encore reçu ma lettre et je suis venu à pied jusqu'ici où l'on a été bien surpris de me voir.

Demain je repars pour Ozolles et lundi je serai de retour à Lancrau, au doux pays d'Anjou.

Lancrau, mardi 8 novembre 1892.

« Heureux qui, comme Ulysse, a fait un beau voyage,
« Ou comme celui-là, qui conquit la toison,
« Et puis est retourné, plein d'âge et de raison,
« Vivre entre ses parents le reste de son âge ».

Ainsi parle du Bellay, mon vieux compatriote, si amoureux de son pays natal, si attaché à son pays d'Anjou. Je n'ai point, Dieu merci, navigué comme Ulysse, ni couru les mille dangers de Jason, chef des Argonautes, aussi est-ce sans doute pour cela que je ne suis revenu chez moi que plus vieux d'un mois, et n'ayant pas acquis plus de raison, ce dont je suis ravi ; mais, comme du Bellay, je trouve bien heureux celui qui, après un long voyage, retrouve son pays, et qui plus est, le cœur de son pays, sa famille, et y peut, en se reposant des fatigues supportées, conter ses aventures au coin d'un feu clair. Au milieu de cette chaude atmosphère de tendresse il se réjouit de voir des visages amis remplacer les figures indifférentes des étrangers qu'il a rencontrés sur sa route. Quelque beau qu'ait été le voyage, le retour est doux et le repos agréable quand c'est au foyer paternel qu'on l'y trouve. Aussi sans vouloir dire de mal ni « du Tibre latin », ni « des palais romains », ai-je été heureux comme du Bellay de revoir « mon Loire Gaulois, mon petit Lancrau, et d'y retrouver comme lui dans son cher Liré, la douceur angevine. »

Après un bon séjour à Ozolles, je suis arrivé hier ici à dix heures du soir, et du milieu de l'avenue j'entendais partir du salon les joyeux accents de Funiculi Funicula qui résonnaient en mon honneur et me reportaient bien loin de là, sous le beau ciel de Naples, au bord de ses flots d'azur.

Maintenant tout est fini, et cependant le souvenir de ce pays radieux et du bonheur que j'y ai trouvé me reste impérissable : soucis, ennuis étaient oubliés pour ne faire place qu'à la souriante réalité belle comme une illusion ; ce mois est un repos dans ma vie, comme une de ces haltes ou de ces vertes oasis que le voyageur rencontre avec joie dans le désert brûlant et dont il se souvient comme d'un bienfait de Dieu, avec un plaisir mêlé de reconnaissance. Pour moi, après Dieu, ma reconnaissance doit aller tout entière à mes chers parents qui ont bien voulu m'aider à faire réalité ce qui n'était que rêve à peine conçu : un remerciement serait banal adressé à ceux auxquels je dois tout ; l'affection seule peut dignement les remercier, et celle si profonde que déjà je leur porte, s'accroît de tout le bonheur dont je leur suis redevable.

Il ne me reste plus désormais qu'à clore ce livre si rempli ; tout ce qu'il renferme, émotions, pensées, impressions, raconte un mois de joie pure et profonde dont le seul souvenir distraira et rassérénera mon cœur quand viendront les heures moroses ; c'est comme un reflet du ciel bleu de là-bas, un rayon du soleil ardent qui dissipe la tristesse comme il chasse le léger brouillard du matin, et rend à l'esprit son courage comme au corps sa force abattue.

Lancrau, 15 novembre 1892.

Non, je me trompais !... je ne puis pas encore fermer ce livre, je ne puis plus avoir de souvenirs heureux ; le réveil est terrible et me laisse anéanti. Le rêve était trop beau, le bonheur trop complet, le malheur devait fatalement venir apposer son funèbre sceau sur tant de pages racontant des heures où nous avions presque oublié que la douleur existât en ce monde et qu'elle pût nous frapper. Elle nous a cruellement, bien cruellement rappelé son existence, et d'un coup d'aile renversant tant de bonheur, elle a jalousement brisé pour nous deux cet heureux passé, et pour Jean, hélas ! un riant avenir ! Je suis bouleversé, stupéfié d'un pareil malheur auquel je ne puis croire. Il n'est plus ce cher compagnon de tant d'impresions partagées, de tant de communes jouissances..., il n'est plus... et ce mot résonne à mon oreille et vient frapper mon cœur sans que j'en puisse saisir le sens.

Non, c'est impossible, je ne puis croire que tant de rêves se soient évanouis en un jour, tant de jeunesse flétrie en une heure ! Il me semble l'entendre là, près de moi, et sans cesse je le vois à mes côtés ; partout il m'accompagne : le **voilà** au

départ de Paris que nous quittions si joyeux une
chanson.dans le cœur, un refrain sur les lèvres ; le
voilà sur le bateau du lac de Lucerne où, accoudé
sur le bord du pont, il suit des yeux ces paysages
qui l'enthousiasment, puis en chemin de fer sur la
route du Saint-Gothard où dans un demi sommeil
il se laisse bercer par la douce musique des vers
que je lui lis. Il est encore là, près de moi, à
Vérone, à Venise en gondole sur les longs canaux ;
dans notre chambre, occupé à contempler, le soir,
les flots qui se jouent sous les rayons de la lune ; à
Rome incliné pieusement sous la main du Sou-
verain-Pontife ; à Naples enfin, devant ces spec-
tacles sublimes qui nous pénètrent d'une admiration
passionnée. Je suis ainsi chaque étape où je le vois
encore à mes côtés, et c'est pour moi un chagrin
nouveau ! Ah ! comment ne l'aimerais-je pas ce
pauvre ami que j'avais encore appris à mieux
apprécier pendant ce trop court voyage. Même si
deux êtres sont l'un à l'autre indifférents, il est des
impressions profondes, des circonstances solen-
nelles qui, partagées, consacrent leur amitié.
Quand trop émus pour pouvoir parler, trop dominés
par la splendeur du spectacle, nous admirions
silencieusement, un simple serrement de mains, un
regard, disait à l'autre tout ce qui se passait en
son ami. Puis c'était ensuite un échange intime de
pensées, une communion d'idées qui nous rappro-

chait encore l'un de l'autre, de sorte qu'il n'est,
pour ainsi dire, pas une impression de l'un de
nous que l'autre n'ait connue. Nous étions l'un
pour l'autre toute la patrie. toute la famille absente
et bien souvent nous nous disions : « Ah ! si tu
n'étais pas là, que de bonheur en moins ! ». Nous
aimions tant à causer ensemble et à ne pas nous
trouver seuls au milieu d'étrangers, que nous
tàchions de ne point nous séparer. Le jour où Jean
me quitta à Sorrente, je le vois encore debout dans
sa petite barque agitant son chapeau, tandis que,
du bateau qui s'éloignait, je lui répondais, le cœur
serré, comme si je l'eusse quitté pour longtemps et
que je dusse, de longs jours rester seul. Il m'avoua
ensuite que sa soirée avait été longue et je lui fis
le même aveu. Mon Dieu ! que de douces conversations dans nos heures de voyage, que d'aimables
discussions échangées sur les choses d'art que nous
aimions et sur celles de la nature que nous admirions... Et tout cela est à jamais fini : Jean a passé
sur la terre, et plus rien n'y existe de lui, que le bien
qu'il a fait et le souvenir attendri qu'il laisse à tous
ceux qui l'ont aimé ! En vérité pouvait-on la con-
naître sans l'aimer cette nature loyale et franche
sans détours et sans rancunes. Tous ceux qui
voyaient Jean le devinaient bon, et j'ai rarement
rencontré en effet une aussi complète bonté.
Prompt à s'irriter, facile à impatienter, un court

raisonnement le calmait s'il avait tort, un regret exprimé, s'il avait raison, le désarmait ; alors il se faisait bon, un sourire revenait sur ses lèvres et tout était oublié. La simplicité et la défiance qu'il éprouvait justement pour son imagination un peu trop vive le portait souvent à vous demander un conseil ou votre avis sur certains sujets ; c'était un de ces êtres aimants chez qui le cœur est tout, en s'adressant au sien on aurait obtenu de lui tous les sacrifices mêmes les plus pénibles, car le cœur est seul capable d'héroïsme, seul capable de comprendre le devoir et de souffrir pour son accomplissement.

La charité discrète du pauvre Jean savait s'exercer à propos, et je me rappelle encore l'avoir vu glisser sa généreuse offrande dans la main d'une petite sœur des pauvres qui venait, sur le bateau de Capri, quêter les riches de ce monde, pour ses malheureux protégés. Facilement ému, sensible à l'excès, les merveilles que nous contemplions produisaient en lui une profonde impression ; il disait simplement : « C'est beau », se sentant aussi trop faible pour exprimer ses intimes sensations. Une pensée, une ligne, un livre bouleversaient son cœur et sa vive imagination ; je l'ai vu à Rome ne pouvant s'arracher au livre de Bourget, *Terre Promise*, qu'il trouvait admirable, et qui le rendait malade, me disait-il.

Il joignait à tant de précieuses qualités une franche gaieté qui se donnait libre carrière, quand, hélas ! de sombres pressentiments ne venaient point arrêter sur ses lèvres un rire à peine ébauché. A Venise, il tenait aux marchands de bric-à-brac d'interminables conversations qui m'amusaient beaucoup ; il faisait le connaisseur, les flattait, les bourrait et finissait toujours par obtenir de ces voleurs un rabais considérable ; il y avait même un de ces gros marchands, Sarfatti, qui nous avait pris en amitié et avait avec nous des airs tout à fait protecteurs.

Durant tout ce mois il ne s'éleva pas entre nous une seule dispute sérieuse ; bien souvent je le taquinais sur sa sage lenteur, mais trop bon pour s'en fâcher il en riait avec moi, et si parfois j'en arrivais à l'ennuyer, il s'impatientait et me vouait à tous les diables ; malheureusement pour l'effet de sa colère, le pardon se devinait sous la rancune et le sourire sous les sourcils froncés... Mon Dieu ! mon Dieu ! je me souviens pourtant que parfois la tristesse l'envahissait, et quand je lui en demandais la raison : « Vois-tu, me disait-il, l'avenir est trop beau pour pouvoir un jour s'accomplir : je n'y crois pas ; puis il me semble que je vais bientôt mourir, j'éprouve je ne sais quel pressentiment funeste et je songe sérieusement à faire mon testament... » A tout cela je répondais en riant pour éloigner ces sombres idées ; qui donc alors eût songé que le rire fût si près des larmes ! Tous ces tristes souvenirs, ces intimes conversations où il me parlait de l'avenir, les fragments de ce journal lui-même si rempli de lui, envahissent mon esprit, rendent plus vive la douleur et plus navrante la séparation pour moi qui pendant ce mois ai vécu de sa vie, partagé sa chambre, ses repas, ses pensées, ses moindres impressions !

Et la journée finie que de fois il m'a demandé de lui jouer sur les mauvais pianos d'hôtels ses airs préférés, tandis qu'assis près de moi il écoutait chanter les douces mélodies. Ces souvenirs reviennent un à un à mon esprit fatigué, j'en remplirais des pages. Je ne vois plus les beautés de l'Italie qu'à travers un voile bien triste et bien sombre ; au sortir de ce pays où tout vit et rit, la mort nous guettait, et avec le pauvre Jean elle a couché dans la tombe la moitié de ce bonheur passé ; seul maintenant pour me le rappeler je ne pourrai plus le faire revivre à mes yeux en me retrouvant près de mon pauvre ami. Dire que je ne le verrai plus, lui, mon compagnon fidèle de tant d'heureuses heures, et que pour lui je ne peux plus rien, absolument plus rien que prier ! .. Ah ! c'est encore à Dieu que tout revient, en lui seul que se retrouvent l'amitié et la consolation. Jean était d'une piété convaincue, il avait une foi solide qui lui a sans

doute déjà mérité sa récompense : ceux qu'il faut
plaindre sont ceux qui restent, et sa pauvre mère
qui avait mis en lui de si chères espérances.

Tout est fini, résignons-nous ; désormais étroi-
tement unis vivront dans ma pensée le souvenir de
ce triste voyage et celui aimé et respecté de mon
cher compagnon qui contemple là-haut les éternelles
beautés dont l'Italie n'offrait qu'un bien pâle reflet.
Puisse-t-il aussi se souvenir là-haut qu'il est encore
sur terre un cœur ami qui lui garde pieusement
son ancienne et fidèle affection et lui demande en
retour ses prières et sa protection !

Angers, imprimerie Lachèse et Cⁱᵉ, chaussée Saint-Pierre, 4.

www.ingramcontent.com/pod-product-compliance
Lightning Source LLC
Chambersburg PA
CBHW071953110426
42744CB00030B/1176